中 国 纪 念 馆 故 事

丛书主编 沈 强 朱成山

八路军太行纪念馆故事

主编 张少鲲

南京出版传媒集团
南京出版社

图书在版编目(CIP)数据

八路军太行纪念馆故事／张少鲲主编．—南京：南京出版社，2012.8
（中国纪念馆故事／沈强，朱成山主编）
ISBN 978-7-5533-0027-6

Ⅰ.①八… Ⅱ.①张… Ⅲ.①八路军－纪念馆－介绍－武乡县－青年读物 ②八路军－纪念馆－介绍－武乡县－少年读物 Ⅳ.①K878.23－49

中国版本图书馆CIP数据核字（2012）第157895号

丛 书 名：中国纪念馆故事
丛书主编：沈　强　朱成山
书　　名：八路军太行纪念馆故事
本册主编：张少鲲
出版发行：南京出版传媒集团
南 京 出 版 社
社址：南京市太平门街53号　　邮编：210016
网址：http: //www. njcbs. com　　电子信箱：njcbs1988@163. com
联系电话：025-83283893、83283864（营销）　025-83112257（编务）

出 版 人：项晓宁
出 品 人：卢海鸣
责任编辑：李庆杨　朱天乐
装帧设计：乔　伊
策　　划：博士工作室
责任印制：杨福彬

制　　版：南京展望文化发展有限公司
印　　刷：南京京新印刷有限公司
开　　本：718毫米×1000毫米　1/16
印　　张：12.75
字　　数：160千字
版　　次：2012年8月第1版
印　　次：2022年7月第3次印刷
书　　号：ISBN 978-7-5533-0027-6
定　　价：40.00元

用微信或京东APP扫码购书

用淘宝APP扫码购书

营销分类：教育·旅游

丛书总序

中国纪念馆应成为开展公共外交的平台

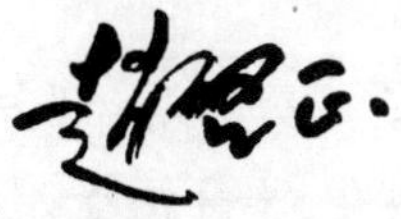

今年年初，成山同志邀请我为即将出版的《中国纪念馆故事》系列丛书作序，并告知中国目前已有1000多家各种类型的纪念馆。

纪念馆对国内观众是学习历史、缅怀先人、传承文化的重要场所，对外国观众则是中国开展公共外交不容忽视的平台。

公共外交和政府外交组成国家的整体外交。“简言之，中国公共外交的基本任务是向世界说明中国，促进外国公众认识真实的中国——包括中国的文化传统、社会发展、经济状况、政治体制和对内、对外政策等。”*在这当中，向世界说明中国的历史，尤其是说明近代史中的重大事件和历史人物是顺理成章的。

中国纪念馆应该成为开展公共外交的优势平台。随着我国社会经济的快速发展，中国国际交通的愈加便利，越来越多的外国人士来到中国。很多人到达一座城市，往往要参观各种各样的纪念馆，甚或在纪念馆座谈研讨、深入交流，以获得我国的历史文化知识和各种其他信息，从而加深对中国的了解，形成各种各样的印象。在纪念馆中参观交流的过程，实际上就是公共外交的实践过程，只是参与人可能并未意识到而已。当前，我国正处在文化事业大发展的时期，相信中国纪念馆的阵容会越来越强大，开展公共外交的前景会越来越宽阔。

中国纪念馆发展到今日已经具有开展公共外交的良好条件。

* 赵启正著：《公共外交与跨文化交流》，中国人民大学出版社2011年版。

更可贵的是，许多纪念馆已经有了强烈的开展公共外交的意识，十分注意跨文化交流的方法创新，主动为来馆的外国人服务。据悉，仅以侵华日军南京大屠杀遇难同胞纪念馆为例，去年共接待了563万观众，其中有40多万人次来自世界上95个国家。为此，他们不仅配备了12种语言的语音导览器和《展馆简介》，还专门招聘和培训了英、德、日、韩等语种的讲解员。该馆所有的展品和标识都用中、英、日三种文字标注。不仅如此，他们十分看重国际交流，经常在国内外组织和参加国际学术研讨会和史料展，不仅吸引了学者到会，也有南京大屠杀幸存者参加。这些年，他们到过日本、韩国、印度、孟加拉国、以色列、波兰、美国、意大利、丹麦、俄罗斯、菲律宾等国，进行了历史文化与和平友好的广泛交流。这些都属典型的公共外交活动。

各国纪念馆的设计都尽力协调对内和对外的传播。英国曾经在20世纪90年代的中后期，通过通商、观光（包括各种纪念馆）、文化振兴来强化公共外交。他们在发展旅游业的同时，没有忘记着力唤醒国民的自豪感，以此努力刷新英国“保守顽固的阶级社会”的旧国际形象。“9・11”事件以后，美国强调重振公共外交，注意到表达的手段要适合青少年。英美两国的这些做法，几乎与中国纪念馆的工作重点与对象完全一致，除了对外交流，还以本国青少年为对象进行教育，唤醒国民爱国主义的自豪感、责任感和自信心。

用讲故事的方式传播历史文化，开展公共外交，是一种好的方法。公共外交可以更为宽松、生动和灵活地采取多种形式在多种场合发出声音，讲述本国的“故事”。许多历史事件与文化现象往往比较复杂，如用心不够，讲解起来会枯燥、呆板。如果通过纪念馆忠于史实的再描述，把它们变成一个个有情、有景、有味、有吸引力的故事，再配之于一幅幅图片，使历史人物或者历史事件鲜活起来，才能易于人们，尤其是外国人听得明白。

出版这套书是一件值得肯定和支持的好事。我相信《中国纪念馆故事》的出版问世，一定会引起社会各界的重视，也为我国开展公共外交增添一抹亮丽的色彩。

（作者原为中国国务院新闻办公室主任，现任中国人民政治协商会议常委、外事委员会主任，兼任中国人民大学新闻学院院长）

目录

第三部分　岁月留痕

第四部分　烈士碧血

156-191

第五部分　历史见证

黄崖洞保卫战兵力部署和战斗经过要图

1941年11月11日—18日

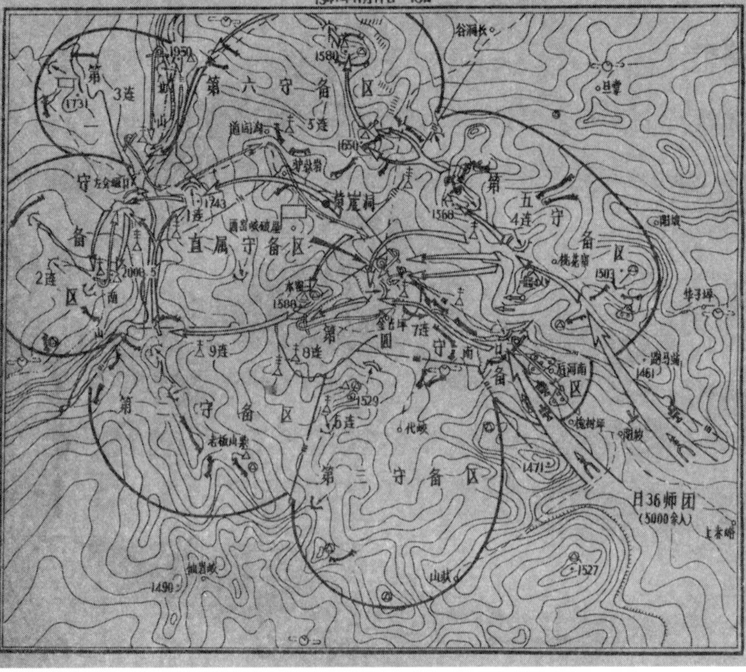

前　言

抗战故事，中华民族的永恒记忆

张少鲲

我牺牲了我的一切幸福为我的事业来奋斗，请你相信这一道路是光明的、伟大的。

——左权

当你翻开眼前这本书的时候，那些硝烟弥漫的抗战岁月，那些壮怀激烈的战斗画面，那些感人至深的故事情节，仿佛从太行山吹来的风，穿越时空，拨动着我们的心弦，飞扬起我们的思绪。

英雄者，“泽天下”之人杰也。缺少英雄的民族，是可悲的民族；崇尚英雄的民族，是大有希望的民族。八年抗战，烽火连天，在中国共产党领导下，八路军在极其艰苦的环境下，发动人民群众，创立敌后根据地，坚持游击战争，在辽阔的抗日战场上，英勇杀敌，浴血奋战，涌现了无数感天动地的英雄，也留下了无数可歌可泣的故事。

不知历史，何以开未来？在中华民族的伟大复兴事业中，八年抗战那段“惊天地，泣鬼神”的不朽历史，将永远是我们民族不能忘却的记忆！

血染的风采，历史的见证。本书讲述的就是那段岁月里诞生的八路军故事。在这里，各路英雄齐齐登场，各色故事一一陈说，既有将帅风范，又有士兵传奇，既有杀敌大捷，又有战地黄花……它们或干练简约，情节短小，或内容全面，丰富多彩，穿缀在一起，展现了一幅幅由浴血、搏杀、大爱、情趣交织而成的动人历史画卷，记录下当年根据地广大军民的日常生活，也重现了党领导下军民同力、英勇抗敌的辉煌历程，读来使人动情，令人回味，催人深思，让人敬仰。

其实，在抗日的硝烟烽火中，这样的历史故事何止万千？无数革命先辈身上所体现出来的高尚情操和革命气节，荡气回肠，感佩心怀，永远是我们后人学习、敬仰的楷模。而更重要的是，它们作为我们党和我们民族极其珍贵的精神财富、传家宝，至今仍闪烁着时代的光辉，成为我们保持革命本色、拒腐防变的巨大精神力量和可靠思想屏障。

60多年过去了，生活在和平年代的我们，正是应该通过这许多珍贵的历史记忆，让人受到触动和教育，获得打量历史的新视角，激发起整个民族自强不息的斗志和澎湃不已的动力。

一件文物讲述一个不可消失的历史，一个故事折射一段荡气回肠的岁月。上世纪五六十年代，《星火燎原》、《红旗飘飘》等记载我党我军光荣传统的书籍，曾教育了一代又一代干部、战士、群众，尤其是广大青少年，人们现在仍记忆犹新。相信这《中国纪念馆故事——八路军太行纪念馆》也会受到广大读者的喜欢，在社会主义精神文明建设中发挥积极的作用。

2012年春于武乡

名将以身殉国家，
愿拼热血卫吾华。
太行浩气传千古，
留得清漳吐血花。

——朱德

八路军太行纪念馆

第一部分

将帅风范

朱总的一封家书

朱德总司令在他60岁生日的时侯，曾按董必武诗原韵做过两首诗，诗中有这样的句子：

“实行民主真行宪，只见公仆不见官。”

这两句诗表达了朱总司令作为共产党的高级干部，不是骑在人民头上当官做老爷，而是老老实实做全心全意为人民服务的公仆的高尚情操。朱德总司令功勋卓著，但从不居功自傲，始终把自己当做普通战士、人民的公仆。在八路军太行纪念馆里，收藏着一封朱总写给他的老友戴与龄的信，朱总司令艰苦朴素、不搞特权、不谋私利的崇高品质由此信可见一斑。

抗战时期的朱德总司令

那是1937年冬，朱德的大姐之子许明扬、小妹之子刘万方以及他的幼年好友邓辉林到了山西前线，朱总司令从他们那里打听到生母及养母两位母亲困苦的生活状况。

家乡四川仪陇遭到了严重的饥荒，早已破产并陷于贫困的家里，有他的两位年逾八十岁的母亲，她们的生活举步维艰，于是便向远在华北“做官”的儿子求助。作为儿子，他多么想为母亲行自己的孝道，可令人难以置信的是，参加革命十多年，又贵为八路军总司令、统领千军万马的朱德，却没有丝毫的个人积蓄。为母筹资而陷困境，面对此情此景，他该怎么办？他没有钱，但并没有向党组织伸手要求照顾，朱总司令情急之下，只好向自己在仪陇的同乡好友戴与龄老弟发出了这样一封求助信。

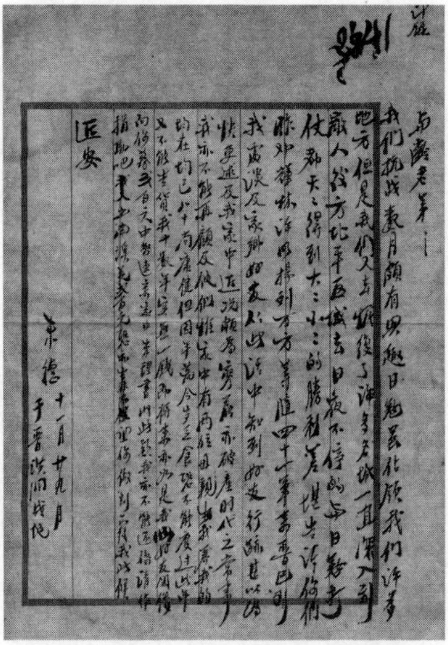

朱德总司令写给好友戴与龄的信

与龄吾弟：

我们抗战数月，颇有兴趣，日寇虽占领我们许多地方，但是我们又去恢复了许多名城，一直深入到敌人后方北平区域，去日夜不停的与日寇打仗，都天天得到大大小小的胜利，差堪告诉你们。昨邓辉林、许明扬、刘万方等随四十一军来晋，已到我处。谈及家乡好友，从此话中知道好友行迹，甚以愉快，更述及我家中近况，颇为寥落，亦破产时代之常事，我亦不能再顾及他们，惟家中有两位母亲，生我养我的均在，均已八十，尚康健。但因年荒，今岁乏食，恐不能度过此年，又不能告贷。我十数年实无一钱，即将来亦如是。我以好友关系向你募贰百元中币，速寄家中朱理书收。此款我亦不能还你，请作捐助吧。望你做到复我。此候

近安

朱　德

十一月二十九日

于晋洪洞战地

这封求助信如此恳切和无奈，令人无法不为之感慨。说八路军总司令没钱谁相信？然而这又是真真确确的事实。

这封信寥寥数语，让读者对于人民军队“百战百胜”的缘由有了更深的理解，军队是由这样伟大心态的统帅指挥着，这不就是胜利的保证吗？

在民族危亡的时刻，朱德总司令为了拯救国家命运，维护民族独立，远离家乡奔赴华北抗日前线，出生入死，驰骋疆场，“天天得到大大小小的胜利”，而对家中年迈的母亲却“不能再顾及他们”。这种以国家民族大业为重，为了崇高理想舍身忘我的奉献精神，正是我们老一代革命家高尚品格的真实写照，与那些吃空饷、贪钱财的国民党军官相比，真是天壤之别。身为指挥千军万马的八路军总司令，却同千千万万个八路军普通战士一样，“十数年实无一钱，即将来亦如是”。

当年的朱德总司令虽然年过半百，却仍然和普通战士一样，在太行山上吃的是黑豆小米，有时甚至不得不用野菜充饥，穿的是打补丁的粗布棉衣，住的是当地老百姓的普通农家小屋。就是这样，为了中国人民的解放事业，他将性命都置之度外，从来没

八路军总部洪洞县马牧村旧址

朱德总司令在洪洞县马牧村与彭德怀、邓小平等人合影

有考虑要有自己的财产积蓄。

八路军总部在武乡县王家峪村驻扎时，总司令和当地的村民处若乡邻，亲如一家，他衣着朴素，容貌慈祥，常常和战士们一块摸爬滚打，指导练武；空余时间不是在篮球场上和战士们一比输赢，就是在田间地头和老农们一齐劳动，促膝谈心。朱总司令艰苦朴素、不搞特权、不谋私利的崇高品质由此可见一斑。

（张少鲲）

麦苗青青

彭德怀同志是伟大的无产阶级革命家、军事家、政治家，中华人民共和国开国十大元帅之一，抗战期间，担任八路军副总司令。他作战勇敢、耿直刚正、廉洁奉公、严于律己、关心群众，被人民群众亲切地称为“彭总”。在那战火纷飞的抗日战争年代里，彭总的工作十分繁忙，八路军总部驻扎武乡时，他每天工作都在十多个小时以上。他不仅整天忙于繁重的军事事务，还经常教育战士们要发扬红军时代光荣传统，恪守“三大纪律、八项注意”，时时刻刻爱护人民群众，在根据地留下了许多彭总爱民的故事。在八路军太行纪念馆主展厅，陈列着多幅彭德怀副总司令的照片，每次讲起彭总爱民的故事，观众都会留下许多的赞叹。

那是1940年春天八路军总部机关住在武乡县王家峪村发生的一则故事。一个天气晴朗的下午，八路军总部的马夫小战士张桂生见首长们今天不出远门，就牵着三匹马到王家峪村西头路边放青，想给马匹补充些营养。走着走着，不曾想，一匹马不经意间踩

彭德怀与老百姓在一起

翻了路边一块石板，受到了惊吓，猛一纵身，便挣脱缰绳，那匹马在路上跑了一阵，又冲进路旁的一块麦地，兜了一个圈儿，便自由自在地大口吃起麦苗来。张桂生见势不妙，急忙把手中牵着的另外两匹马拴在路旁一棵树上，快步朝那匹马追去。当张桂生抓住马缰绳时，地里的麦苗已经被践踏得东倒西歪。张桂生这时心想，这可怎么办？马踏坏了老百姓的庄稼，回去怎么交待？

他正想牵了马悄悄地溜走，可就在这时，耳边响起了一个洪亮的声音："哎，小鬼，快点把马牵过来！"

张桂生转过身去，只见彭总正大步流星走了过来，不禁心中一怔。

"真糟糕，这事偏偏就让彭总看见了，这次可免不了要刮鼻子。"张桂生的心怦怦直跳。自从调入总部机关工作后，他常听人说起，彭总对身边工作的同志要求格外严格，发现谁有缺点、错误，从不姑息迁就。

"报告首长，刚才，我……"张桂生牵着马来到彭总跟前，心里害怕极了，由于过分紧张，不觉口吃起来。

"好了，我都看见了。嗯，你是怕我批评你，对吧？"出乎张桂

彭德怀在王家峪八路军总部时住过的农家小屋

生意料，彭总的语气是那样的和蔼。他望着彭总那慈祥可亲的面容，顿时感到心里热乎乎的，一时竟不知该怎样回答才好。

彭总的目光移向那块麦地，若有所思地说："马受了惊吓，这不是你的过错，但现在的问题是因为马跑进了老乡的麦地，而且已经损坏了老乡的麦子，你看应该怎么办才好呀？"

"我亲自去找到麦地的主人，赔礼道歉呗。"张桂生毫不迟疑地答道。

彭总听后却语重心长地说："仅仅赔礼道歉这还不行噢！我军'三大纪律、八项注意'的第四条是什么？"

"第四条……"张桂生低着头默默地说："第四条是损坏东西要赔。"

"对，损坏老百姓的东西要赔偿，这是毛主席为我军制定的纪律，我们要坚决照办。仅仅赔礼道歉是不够的，老百姓种庄稼不容易呀，你看这麦苗已经长了这么高，很快就可能收获了，损坏了多么可惜呀，咱们必须赔偿损失哩！"

张桂生心里想：彭总不仅在作战指挥上深谋远虑，运筹帷幄，在对待和处理一些小事上，也想得如此全面啊！便连声说："听从彭总指示，我一定去赔偿。"

这时彭总从身上掏出一点零钱说："你要到村里找到麦地的主人，给他认错，然后把钱交

彭德怀副总司令在武乡砖壁村八路军总部栽下的榆树

给老乡。”

张桂生这时红着脸说：“马是因为我不小心跑掉才踏坏老乡麦苗的，怎么能让首长拿钱赔呢？”

彭总说：“这匹马是我的马，我的马不听话，踏坏了麦苗，当然应该我付钱了。”

彭总吩咐完转过身顺着村边一条大道走了。张桂生望着彭总渐渐远去的身影，耳旁仿佛还响着他那亲切的教诲，心情久久不能平静……

彭德怀副总司令在关家垴战斗前线

（王　姣）

邓政委关心伤员

1940年秋天，百团大战鏖战正酣，战场上下来了大批伤员，需要迅速安置和医治。

为解决这个问题，一二九师第三医院只好临时组织了一个"第三医疗所"，去接收刚转移下来的三百多名伤员。其实，这个医疗所只有女所长陈友孟和15名护士、招护员，医疗器械什么也没有。第三所刚刚开到武乡县的刘家嘴村，三百多名伤员就全部转来了，由一个管理排长带领。村干部和群众热情地腾出房子让伤员住下，并筹备了粮食和几口大锅，又组织几个负轻伤的同志临时帮助做饭，医务人员马上分头给伤员去换药。

邓小平在太行山

第二天，情况又紧了起来。第三所和院部联系不上，药品、粮食都成了问题。他们费了很大的劲才在附近村庄动员到一些麦子，在碾子上压了压，煮成稀糊糊麦粥吃。

正在这时，又有一些部队来到村子里。一会儿两位首长就来了解情况。一个身材魁梧、带眼镜的首长看了看锅里的稀麦粥，和蔼地问伤员："你们是哪一所的？"伤员回答说是第三医院第三所的。那个矮个子首长接着问："你们所长呢？"陈友孟站起来也没有顾得上敬礼，回答说："我就是。"

首长问："你们在这里住多久了？"

小陈心里正生气，院长只交给他们组织三所的任务，其他什么困难也不管，粮食也没有准备好，也没说怎么联系，敌人来了如何转移，真难办，便气呼呼地说："多久？这个所才成立两天。"

矮个子首长又问粮食准备得怎样，小陈就对他说粮食如何缺少，伤员如何困难，领导上如何不照顾，发了一顿牢骚。只见两位首长平心静气、态度和蔼地给她作了解释，告诉她当前的困难情况。

两位首长又问她："你这位女同志，是第一次担负这个工作吧？"

小陈说："我刚从延安调到前方来不久。"

根据地的妇女担架队正往战地医疗所运送伤员

“好吧，你们有什么困难，去找我们的管理科科长谈谈，我告诉他帮助你们解决。”带眼镜的首长回头去对警卫员说：“你去告诉警卫连，要他们先做好两锅饭，送来给伤员吃。”

首长刚走，伤员们都围着小陈问：“刚才刘师长和邓政委和你讲了些什么？”小陈一听“刘师长和邓政委”吓坏了，没想到刚才发了几句牢骚，原来却是刘邓首长，首长要是发火，这可怎么办？

下午警卫员来找小陈说首长叫她，这更把小陈难坏了，她不安地跟着警卫员走到了首长的门前，喊了一声“报告”。

这时门开了，邓政委一见她马上说：“是小陈所长，快进来。”

这是农民家里一间狭小的房子，炕上堆着很多破破烂烂的东西，光线很暗。刘师长和邓政委正拿着一盏马灯，在军用地图前研究着什么。刘师长看见小陈，并没有批评她，却安详地说：“告诉你一个情况，有一股敌人可能要到东山来‘扫荡’。今天晚上，你们一定要转移到西山去。你们有多少重伤员？”

八路军第三医院三所在武乡旧址

八路军卫生工作人员在进行战地救护

小陈把伤员的情况对他说了。他指着地图，详细地对陈友孟说了今晚转移的路线，告诉她怎样动员担架和筹备粮食，发生情况怎样处置。

邓小平政委也接着说:“情况虽然非常紧急，但是你们千万不要慌张。小陈，你马上回去准备转移，要对伤员同志把情况讲清楚，我们主力部队正在调动，会想办法保护你们的。”他还告诉小陈要组织人警戒，有什么问题去哪里找谁。

首长们指挥全区的作战是那样繁忙，还无微不至地关怀和照顾伤病员，而且指示得又是那么具体，这使小陈非常感激。

陈友孟遵照首长指示，立即让村干部和师部的同志在附近动员了十几副担架，把重伤员都安置在担架上，较轻的伤员就跟着慢慢走，安排队伍马上出发。

这样走了大概有三个多钟头，据向导说还不到十五里地。陈所长看大家实在走也不动了，便在一个背风的山坡上，叫大家休息一下。正在这时，忽然听到远处有狗叫的声音，一会儿，隐隐约约听到一阵马蹄声。

这时，伤员们有些惊慌，纷纷从地上爬起来，有些人急忙拿起了枪，有些人开始向前面跑。正在忙乱的时候，护士长领着一个全副武装的战士跑了过来说："我们是师骑兵连的，邓政委派我们来护送伤员，有三十几匹战马，可以让伤员们骑……"

小陈一听，悬着的心才落了下来。那个战士继续说："我们刚执行任务回来，没有休息，首长就命令我们赶快帮你们护送伤员。邓政委还特地安排让我们把牲口停在离你们一两里的地方，步行来找你们，免得把伤员们惊动了。"

邓政委工作那样繁忙，还想得这么周到，伤员们感动的说不出话来。

（李国伟）

大爱无疆

在八路军太行纪念馆的展厅里，陈列着一幅非常珍贵的照片。那是聂荣臻将军和日本小姑娘美穗子的合影。关于这张照片有一个非常感人的故事。

1940年8月，为了打破敌人的囚笼政策，摧毁敌人的交通运输线，使敌人的交通瘫痪，首尾不能相顾，八路军总部决定发起百团大战。聂荣臻率领的晋察冀军区部队一分区三团重点袭击了井陉煤矿。经过一夜的生死激战，取得了全面胜利。战士们在打扫战场的时候发现了两位幸存的日本小姑娘，她们的父母在炮火中身亡。这个消息很快就传到了前线指挥部，聂荣臻立即命令将两位孩子送到司令部来。

聂荣臻将军与日本小女孩合影

不到半天的工夫，两个孩子就被带到了指挥部。战士们一看到是日本人，都非常的气愤，七嘴八舌的议论起来，有一个战士说道："杀了她！日本侵略军到处屠杀百姓，焚烧村庄，害死了多少无辜的人，我们不能放过她！”许多人跟着应道：“对，杀了她，她是日本人。”“不能让咱中国人的血白流。”聂荣臻听了摆摆手，安慰大家说，“八路军进行抗日战争，不只是打仗，还要注意对敌人的政治工作，这点很重要，战争的目的是为了和平。如果是在战场上对敌人我们决不手软，但是，一旦敌人解除了武装，我们就要实行‘宽待俘虏’的政策。更何况她们是两个无辜的孩子，是战争的受害者。我们是共产党领导的八路军，决不能和日本侵略军一样。我们实行的是革命的人道主义，对日本人民不能伤害，还要给予帮助。”聂荣臻的一席话让大家幡然醒悟。那位小的尚不满周岁，她的脚部被炸伤，聂司令员立刻让送到医院抢救和治疗。

为了能够与女孩顺利的沟通，聂司令员还专门叫了翻译。聂荣臻轻轻的把她拉到身旁问她，叫什么名字？小姑娘咿咿呀呀的说着。翻译在旁边说，她叫兴子。两个孩子就这样住下来了。兴子天天跟着聂荣臻，常常用小手拽着聂荣臻的衣角，聂荣臻走到哪里，她就跟到哪里，为此聂荣臻还在指挥所的土场上和兴子合了一张影。

聂荣臻司令员派人将美穗子（兴子）送到军区驻地

战事一直很紧张，部队又经常转战，带着两位女孩子作战也很不方便，于是聂荣臻决定将小孩子送回到石家庄的日本军营。找来一个可靠的老乡，做了一副挑子。临走的时候，还给孩子们在筐子里放了些水果，并且给日本军营写了一封信。信中写道：此次我军进攻正太线，收复东王舍，带来

聂荣臻司令员与警卫一起喂美穗子（兴子）吃饭

弱女二人。其母不幸死于炮火之中，其父于矿井着火时受了重伤，经我救治无效殒命。余此伶仃孤女，彷徨无依。经我收容抚育后，特着人送还，请转交其亲属抚养幸勿使彼辈无辜孤女沦落异域……我八路军本国际主义精神，至仁至义，有始有终，必当为中华民族之生存与人类永久和平而奋斗到底，必当与野蛮横暴之日阀血战到底。深望君等幡然觉醒，与中国之士兵人民齐心合力共谋解放，则日本幸甚，中国亦幸甚……

兴子姐妹来到石家庄以后，妹妹因病住进了医院，不久便死去，兴子也被送回了日本。1945年8月15日，中国人民抗日战争以日本宣布无条件投降而宣告结束，而此时的聂荣臻心里还惦记着

40年后美穗子（兴子）激动地握住了聂元帅的手

在战火中死里逃生的日本小女孩。

1980年4月，总政治部副主任华楠与《解放军报》副社长姚远方拿着当年的照片来对聂元帅进行采访，聂老一见这几幅照片，不禁回忆起了那个故事，虽然40年过去了，但往事依然清晰地展现在眼前。不久《人民日报》发表了《日本小姑娘，你在哪里》的文章。

通过日本读卖新闻社的追踪报道，终于找到了住在日本九州宫崎县已改名为美穗子的兴子女士。

这年夏天，应聂荣臻元帅的邀请，美穗子在日本大使吉田健三也的陪同下来到了北京，与给了她第二次生命的聂元帅重逢。她满含热泪感谢聂元帅的救命之恩，也更加认识到了侵华战争的罪恶。聂荣臻元帅用手轻轻地抚摸美穗子的额头，感慨的说：“战争已经过去，让我们化干戈为玉帛。日本民族是勤劳智慧的民族，愿中日两国人民世世代代友好下去，永不兵戎相见。”

（安　丽）

与病魔的最后抗争

在谈到临死前的心情时，有的人会深有感触的这样说："留恋，自然会有。母亲留恋她的儿子，农民留恋他的土地，革命者留恋他的革命事业。正因为这样，如果糊里糊涂地死了，没有办完的事情来不及交代，那是非常痛心的。"

在2011年9月3号上午，八路军纪念馆将领馆开馆之际，邀请了十几位将帅之女。当我在接待中遇到曾任一二〇师七一六团团长贺炳炎之子贺雷生时，他在展厅里看到了一二〇师政委关向应的照片，便这样和我说起……

关政委由于家境贫困，自幼经受饥寒折磨，再加上长期艰苦的战斗生活，严重损害了他的健康。在长征途中，他就经常咳嗽不已，但影响工作生活的程度不太明显。全面抗战爆发后，在晋西北和冀中根据地时，他的病情日渐加重，不仅仅是咳嗽不已，而是出现了胸痛、咯血的严重症状。就是这样，他仍然一心关心根据地的建设，而不去关心自己，仍以惊人的毅力坚持工作，不肯医治。1940年秋，关政委终于不能坚持，病倒在床上。党中央、毛泽东听到这一消息，让他速回延安诊治。可他还一直坚持工作，直到年底才离开晋西北，回到延安。

前方战事不断传来，他焦急万分，坐卧不安，异常惦念正在同日军厮杀的晋西北战友。不久，关政委不顾逐渐加重的病痛和医生的劝阻，毅然返回了晋西北前线，又夜以继日的操劳，致使未能治

关向应在作战前动员

疗的肺病转重。有一次，他接连开了四五天会，累得吐血了，胸痛的程度也加重了，因此被组织上强送到军区医院疗养。

疗养期间，他虽重病在身，仍不停地阅读电报、文件，挂念着前方的战况，经常会给贺龙师长写信，提出各种建议供他参考。如果师部有人来看望他，他总要问一问师长的身体怎么样？外出时是谁跟着去的？带了哪些警卫员？由于前方缺医少药，关政委疗养不但未见大效，反而病情日趋恶化。10月初，贺龙师长亲自送他赴延安治疗。

在病床上，关政委仍然十分惦记前线，这对他的病情很不利，医生劝他静养，可他却说，“如果不让我关心部队，我的病会更加严重的。”医生无可奈何，只好减少他和别人接触的机会，把许多事情瞒着，可他对医生说：“如果不告诉我，我会想得更多，失眠得更厉害。”

1945年在延安召开党的“七大”，关政委曾表示：坐担架也要参加这次盼望已久的代表大会。可谁曾想，关政委在七大开幕前夕，咳嗽变得严重，胸痛已难以忍受，病情骤然加重，根本就无法参加。他只好送交大会一封向全党告别的信。他在信中这样写道：

我在此临死弥留之际，谨向党的领袖，谨向党的七次代表大会，谨向全党同志紧握告别之手，切望全党同志无论在任何时候，都在毛泽东同志所领导的中央周围，相信我们的党和中国革命是一定要得到最后胜利的。

关向应与贺龙同志在前线

1946年1月，关政委的病情越来越重，连续几天呕吐不能进食，呼吸加剧困难，他自己知道病情很严重，便问医生："告诉我，我还能支持多久？我并不怕死，主要是你们要给我一个时间，叫我把事情交代清楚。"在死神面前他如此坦然，除了工作还是工作，别无他想。

病情一天比一天坏，特别是再次手术，肋膜开刀以后，疼得无法睡觉。他还是坚持着说："我是共产党员，我还要作最后的挣扎，等熬过了这个痛苦，我还要为党工作十到二十年。"关政委就是这样顽强地同病痛搏斗了整整五年，然而，残酷的病魔还是无情地夺去了他的生命，1946年7月21日，关向应同志永远地闭上了双眼……

任弼时与贺龙等探视病中的关向应

今天，当大家听到这位为革命事业奋

老八路贺炳炎之子贺雷生在将领馆讲述关向应的故事

斗到最后的英雄人物的事迹，听到他临终前的所说之言，都会禁不住热泪盈眶。其实，这就是他留给后人的宝贵精神遗产，而且时常会激励人们像他一样做一名为党为国奋斗终生的共产党员。正如他的一首诗："月光在征尘中黯淡，马蹄下迸裂着火星，越河溪水，被踏碎的月影闪着银光，电光送着马蹄，消失在稀微的灯光中。"这让我们仿佛看到了关政委正跨着骏马奔驰在抗战前线。

（韩文娟）

八路军的“粮草官”

走进八路军太行纪念馆主展厅，我们被一幅幅图片、一件件实物震撼着！许多观众来到大生产展区前，不由地为八路军在那样艰苦的环境中自力更生而折服。大家都在好奇创造这样壮观局面的人是谁？是谁领导军民保障后勤工作？他就是被誉为八路军的“粮草官”杨立三。

全面抗战爆发后，杨立三先后担任过八路军兵站部部长、中共中央军委总后方勤务部副部长兼兵站部部长、八路军供给部长。1939年3月，中共中央决定八路军前方总部设立后方勤务部，任命杨立三为部长。在朱德、彭德怀、左权致电毛泽东的要求下，杨立三奔赴晋东南抗日根据地走马上任，创造了令世人感到震惊的后勤奇迹。

八路军后勤部部长杨立三同志

当时，八路军兵工厂生产的步枪规格不同，性能各异，零件不能互换，且生产效率低，质量差，成本高。杨立三首先抓了步枪生产的标准化、制式化。他从常年山地作战的需要出发，召集军工部部长刘鼎及技术人员反复研究，结合现有的设备、技术与物资供应条件，参考国内外各种步枪，提出了一种枪身短、刺刀长、重量轻、能与日军“三八式”步枪抗衡的新枪设计方案，并立即组织试制。经过两个多月的努力，制式化的新步枪诞生了：单枪净重3.36公斤，口径7.9毫米，枪体轻巧美观，射击准确，刺刀锋利，且能自动弹出。

八路军兵工厂生产的“八一式”步马枪

1940年8月1日，当杨立三带着新枪样品向彭德怀汇报时，彭总非常满意，亲自定名为“八一式”步马枪，当即责成杨立三迅速组织批量生产。批量生产，比设计试制更为困难。为此，杨立三组织技术人员设计制造了新枪的成套样板和检测工具，并反复培训技术工人，终于将一大批来自农村的手工业工匠、青年战士和农民，培养成适应专业分工、使用样板生产的熟练工人。仅1940年下半年，杨立三主持的后勤部门就生产了3 300多支“八一式”步马枪，大大提高了八路军的火力。

百团大战中，八路军在阻击敌人发起的近距离冲锋时，常常遭到日军掷弹筒的轰击。为此，彭总提出“敌人有掷弹筒，我们也必须有”，要杨立三考虑解决。

掷弹筒，是日军步兵装备的一种单兵小型火炮，配以钢质炮弹，口径50毫米，射程500米以内，适于山地作战。杨立三亲自住在柳沟兵工厂，召集有关人员进行研究，并安排展开试制工作。试制掷弹筒，需要解决两大难题：一是筒身需要粗大钢材，原料消耗量大，二是加工筒内来复线难度大。杨立三说，不论有多大难度都必须克服，唯一的目标就是生产出掷弹筒来。根据地没有粗大钢材，就用从白晋线拆毁的铁轨来代替。没有加工来复线的专用设备，就将筒身改为滑膛式结构，适当增加长度，以保证射击精度和距离。经过紧张的试制，1941 年4月，太行抗日根据地兵工厂的第一批掷弹筒试制成功，射程最远达到700米。5月，成批生产的掷弹筒运往前线，使八路军有了与日军抗衡的火力。

八路军兵工厂在生产手榴弹

此后，杨立三按彭总要求组织人员研制无烟火药，土洋结合，就地取材，干脆用陶瓷大缸，垒成蒸馏塔反复多次试验，试制硫酸成功。在此基础上又以硫酸、硝和棉花为原料，终于试制出枪弹用发射药。这是我军火药、炸药生产上的一大历史性突破。

地雷、手榴弹既威力大，又构造简单，杨立三决定把它普及为对敌斗争的利器。1941年3月，杨立三指示军工部，在武乡县温庄村开办了地雷训练班，分批培训各县武委会主任和民兵队长。以这些学员骨干为基础，杨立三又指示军工部与各军分区配合在各地层层办训练班。很快华北抗日根据地掀起“村村造地雷”的运动，那时，华北抗日根据地的成年人，几乎人人都学会了制造地雷的技术，涌现出数以千计的“造雷英雄”。

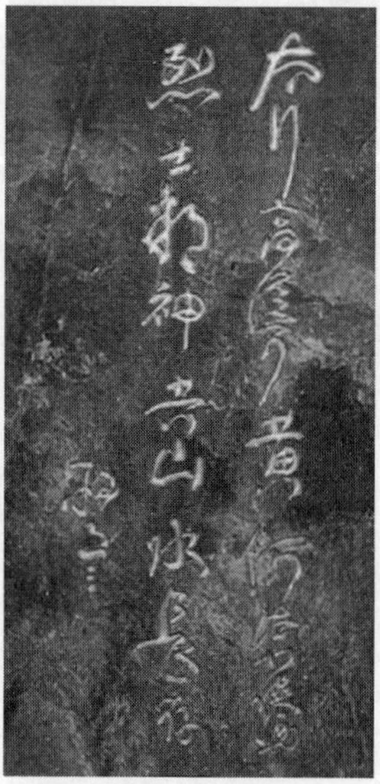

杨立三为太行烈士题词

在杨立三主持下，在最困难、最简陋的条件下，八路军创造了奇迹，为取得抗战的胜利做出了重大贡献。彭德环曾高度评价杨立三“是我们部队里面最有后勤工作经验的一位同志，也可以说是我们八路军行军打仗的‘粮草官’啊！”

（张晓鹏）

八路军的“先行官”

他是八年抗日战争时期新四军中牺牲的级别最高的将领，却很少有人知道他有八路军的经历。1937年全国性抗战爆发后，中国工农红军主力奉命改编为国民革命军第八路军，此后八路军能够顺利东渡黄河，在山西打开局面，同山西王阎锡山建立抗日民族统一战线，并得到阎锡山给予武器弹药的支持，成功开辟抗日根据地。这都离不开他的机智勇谋，他就是我军的先行官彭雪枫将军。

早在1936年11月，彭雪枫就领受了毛泽东交给的一项特殊任务，到山西以中共中央代表的身份秘密拜会山西王阎锡山。当时阎锡山正游移在日本人、蒋介石和共产党之间，处于日军大举南侵、蒋军借“剿共”之名赖在山西不走，面对民众抗日热情日益高涨和中国工农红军东进抗日的局面，他每天都在苦思冥想，怎么才能在烽火硝烟中稳住他在山西的地位，到底谁能真正帮他，用他的话说：“我现在是在三个鸡蛋上跳舞，哪个也不敢踩破。”就在阎锡山一筹莫展之际，彭雪枫来到山

八路军驻晋办事处主任彭雪枫与周恩来、邓小平等人在山西前线

西并就当前的局势和阎锡山的处境分析道："摆在您面前有三条路。一是亲日，虽然您与日本人早有联系，可日本人是有野心的，得陇望蜀。即使投靠日本，仍难保您在山西的政治统治和经济上的全部利益，反而会被戴上汉奸的帽子，成为'千夫所指'的民族罪人；第二条路，是继续联蒋'剿共'，那您苦心经营二十多年的山西随时都面临着被瓜分的可能，而且从十年内战情况来看，蒋介石也并没有吃掉共产党，只怕到头来，您不亡于日，也要亡于蒋；最后这条路就是'联共抗日'，而我们共产党是最支持您保境安民的，是顺应民心坚决抗日的，必要时会与友军合作抗战。"彭雪枫入木三分的分析，令阎锡山左右思量，认为这样既可利用共产党的力量抵抗日本人的侵略，保住自己的实力，又可避免蒋介石一口吞掉自己的阴谋得逞。渐渐地，他的思路清晰了，终于说出了这样的话："冬天穿皮袄，夏天穿汗衫，需要什么就来什么，现在是需要牺牲救国的时候了。"

1940年，彭雪枫任八路军第四纵队司令员在前线留影

由于通过彭雪枫向阎锡山作了大量卓有成效的团结争取工作，我党倡导的抗日民族统一战线在山西已初步形成。1937年3月19日，阎锡山允许彭雪枫在山西太原设立电台，方便与我党之间的联系。

彭雪枫与妻子林颖的合影

全国抗战爆发后，彭雪枫遵照中央指示数次约见阎锡山，阎锡山请他转告毛泽东、朱德、彭德怀，请求红军与晋军结成一个集团军，在五台山周围建立根据地。彭雪枫立即电告党中央毛泽东，并欣喜地汇报了阎锡山欲赠送七九子弹、中正子弹50万发，冲锋枪、机关

1941年，张云逸（右）、陈毅（中）到安徽检阅部队时与彭雪枫留影

枪200支，并为办事处配备汽车等事项。最后他建议：“我军应依阎意，活动于五台山以南地域。”党中央根据彭雪枫提供的重要情报，采纳了他的意见，促成了后来在抗战初期，八路军以五台山为中心，配合晋绥军共同抗战的格局。经过彭雪枫再三斡旋与不断争取，中共与阎锡山终于正式建立了抗日统一战线。8月25日，中国工农红军主力奉命改编为国民革命军第八路军，根据党中央的指示，在太原成成中学成立了国民革命军第八路军驻晋办事处，彭雪枫担任八路军总部少将参谋处长兼驻晋办事处主任。紧接着为了尽快完成八路军开赴抗日前线的准备工作，彭雪枫不畏艰难、舟车劳顿，与阎锡山就渡河日期、路线、船只等问题进行商谈，9月5日，他又陪同周恩来、彭德怀、徐向前等八路军总部领导，赴山西代县太和岭口同阎锡山就八路军作战区域、兵力使用和在有利条件下配合友军作战等问题签订了协议。

彭雪枫这位被毛主席称赞为“文武双全”的优秀将军，运用毛泽东军事思想，只身一人入晋与善变的山西王阎锡山斗智斗勇，为以后八路军在山西创建抗日根据地，开辟辽阔的华北敌后战场，做出了不可磨灭的贡献！

（田悦慧）

生死关头

1940年5月滕代远从晋西北来到太行山，受命接任罗瑞卿抗大副校长职务。从此，滕代远与太行山结下了不解之缘。

当滕代远来到太行山的时候，正是根据地困难的时期，在他到前线来的前一个月，抗大第六期刚刚开学，这是抗大总校到敌后开办的第一期。学校搬到敌后，教学与部队、教学与实战结合得更加紧密，使整个教学增加了活力。但敌后斗争十分艰苦复杂，抗大要在日伪和顽固势力的包围中生存、发展，只能是一面学习，一面战斗。

敌后办学是中共中央的战略决策，抗大总校挺进敌后，给全国学校做了个模范。随着国民党军队在抗日战场上节节败退，国民党的许多学校纷纷迁往大后方逃避敌人，而抗大却向敌后挺进。它向全国人民展示：敌后不仅可以发展游击战争，还可以办学校。这无疑给抗日军民以极大鼓舞，给投降派和恐日病患者以沉重的打击。

抗战时期的滕代远同志

第六期的学员大部分来自抗战前线的各部队中，文化程度普遍偏低。根据学员新特点，学校的办学方针，从第四、五期以教育改造知识

八路军太行纪念馆关于抗大的陈列

分子为主转变为以培养提高部队工农干部为主。从学员的实际出发，适当增加了文化教育方面的比重，为把教学工作做好，滕代远亲自参加了修改教学计划和教材的讨论，亲自听课，掌握灵活机动的战略战术，在几次反“扫荡”的战斗中，抗大师生在滕代远等同志带领下，转战山区，得到很大锻炼，他为提高部队干部的素质倾注了大量的心血。

滕代远到抗大总校工作时，正是华北敌后抗日根据地物质条

抗大副校长滕代远在武乡蟠龙村时的住所

件空前困难的时期。学校驻地又属贫瘠地区，物质生活十分艰苦。有时吃不上米面，几个月尽吃高粱、黑豆、炒面。就是这些粗粮，也得学员到几十里外的游击区或接近敌占区的地方去背运。驮柴、背粮成为办学校的一件大事。师生们充分利用驻地房前屋后以及附近山上荒地开荒种粮。为了解决学员的生活，滕代远和后勤、炊事人员共同商量如何想办法把黑豆磨碎一点，当时石磨很少，磨不过来，就用石碾来压，尽量使大家吃得好一些。就在这种困难的情况下，他还规定要尽量使那些从事政治、军事、文化教学的教员每周能吃到一顿馒头。

滕代远总是把心操在学员身上，可是他却累得生了重病。就在这时，日寇又来“扫荡”，抗大不得不在太行山中转移。由于条件困难，休息不好，特别是连续几天在大山中行走，实在是饿坏了，滕代远就在山上吃了几个毛桃充饥，谁知道这毛桃有毒，他吃了后就开始泻肚，被确诊为得了阿米巴痢疾。当时的医疗条件很差，根本没有有效的抗生药物，喝葡萄糖和生理盐水，几乎没有什么效果，病情一天一天地坏下去。

抗大副校长滕代远在邢台前南峪时的住所

彭德怀副总司令是和他一起发动平江起义的老战友，听说他得了重病，急忙骑着马从前总驻地翻山越岭去看望他。彭总看到滕代远躺在床上，脸色蜡黄，出现浮肿，大小便失禁，十分焦急。他一面安慰滕代远安心治病，一面组织医疗力量努力治疗。他回到前总后，先后派前总野战卫生部长孙仪之、一二九师卫生部长钱信忠和德国医生米勒等来参加治疗。可没有特效药，依然没有办法。

滕校长没有任何起色，学员们无法之下，只好为他打棺材准备后事。

也许是滕副校长放不下他的这些学员，也许是老天知道战场需要这位帅将，滕代远从昏迷中醒了过来，绝望中有了一丝希望。而当他醒来，担心的不是自己的安危，不是自己的身体状况，第一句话却是："学员们好不好，有没有短缺，战斗进入什么阶段了？"

滕代远就是这样，一心只想着别人，一心只想着工作，一心只想着战场……

今天，我们在八路军纪念馆的讲解中，讲到他的这段经历，总会让许许多多的观众感叹不已，他的这种精神，鼓励着更多的青年一代。

（王叶琼）

活捉第一个日本俘虏的将军

他是一位具有史诗般传奇色彩的开国将军，是建国后第一任工程兵司令员。1958年，他率十万特种工程兵大军，在保密状态下开到被称为“死亡之海”的西北大沙漠，成功建起了“两弹”的靶场基地，他就是被毛主席称赞为“出尽了风头”、智勇双全的陈士榘将军。

陈将军为建立“两弹”靶场基地的功绩声名远扬，但他在抗战时期亲手活捉第一个日军俘虏兵的故事还鲜为人知。2011年9月3日，陈士榘将军之子陈人康在参观八路军将领馆时，向我们讲述了他父亲所经历的那惊心动魄的一幕。

1937年9月，八路军一一五师取得平型关战斗的胜利，歼灭日军板垣师团辎重部队1 000余人，击毁汽车100余辆。战斗结束后，三四三旅参谋长陈士榘就带着战士们去清理战场。战士们个个满载而归，有头戴钢盔的，有肩扛机枪的，有的战士背着日军的防毒面具，还有的战士耀武扬威地穿起了缴获的日军军服。这次战斗缴获了日军大量的枪支弹药和军用品，但是细心的陈

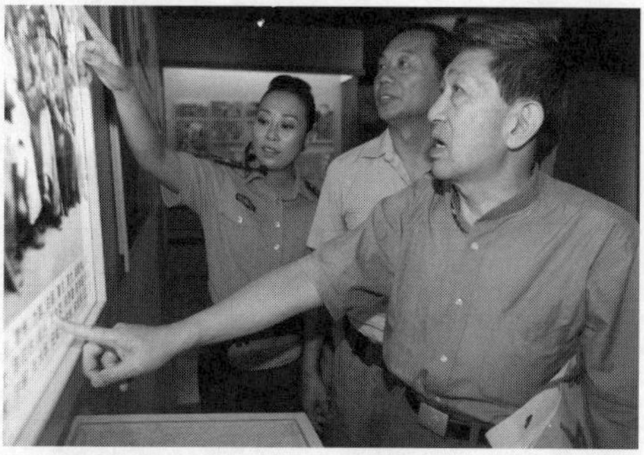

作者与陈士榘将军之子陈人康（中）、傅钟将军之子傅晓钟在探讨和研究历史图片

陈士榘将军亲手抓获的第一个日军俘虏加藤幸夫

参谋长却发现，我军没有捉到一个活着的日本俘虏兵。日军的许多伤兵在我军抓到他们之前都自残了，有的还是相互自残。为了抓到一个俘虏，战士们也付出了惨痛的代价，有一位营长背着奄奄一息的日本伤兵送往医疗站，半路上缓过劲来的伤兵竟然一口咬掉了营长的耳朵，还有一位话务兵在收电话线时，发现汽车底下躺着呻吟不止的日本重伤兵，就在他掏出纱布准备为这个重伤兵裹伤时，日本重伤兵却用尽最后的力气，扬手一刀刺进了话务兵的腹部。

陈士榘养伤时与印度援华医疗队柯棣华（左）、巴苏华（右）合影

面对血淋淋的场面，陈士榘参

陈士榘率部开赴山东后，与部分八路军领导合影，左起：陈士榘、胡继成、梁兴初、张岩

谋长推断日本士兵至死不肯缴枪，一来是受日本武士道、法西斯的教育太深，同时也是害怕中国军民报复，他觉得以后必须加紧对日本士兵进行日语政治宣传与优待俘虏的政策。

没过多久，三四三旅在昔阳县广阳地区又打了个漂亮的伏击仗，就在战斗取得胜利收尾的时候，陈参谋长突然发现有一股惊慌失措的日军逃到了公路北面的一片洼地，他立即命令警卫排奋起直追，侦查兵出身的他机敏地觉察到："有俘虏可抓了！"夜幕降临时，他带领战士们顺着枪声，来到了一个小院门口，一个八路军战士正准备向院子里投手榴弹，他赶忙制止并向战士询问，战士说："院子里只有一个日本兵，老朝我们开枪。"陈参谋长一拍大腿，兴奋地说："那还不抓活的！"只见陈参谋长把枪别在腰间，"嗖"地一声侧身闪进院门，猫着腰悄悄地摸到窗口旁边，用不久前学会的日语喊道："缴枪不杀，宽待日本俘虏！"话音刚落，敌人的子弹就插进了陈参谋长头顶的门框上。陈参谋长全然不顾，朝屋子里又喊了几遍宽待俘虏的日语，而且说话的口气尽量温和。屋子里竟然安静下来，没有了任何动静。

说时迟那时快，陈参谋长一脚踹开房门，借着月光飞一般的跑过去，抓住日本兵带刺刀的步枪，日本兵看到身材魁梧的陈参谋长，吓得脸色苍白，不由地松开了拿枪的手。陈参谋长定睛一看，原来这个日本兵站在一个粮食筐里，粮食把他的身子挤得动弹不得，看着丑态百出的日本兵，陈参谋长却微笑着向他伸出了友好的双手，费了好大的劲才将那名日本兵给拖出筐。日本兵吓得浑身发抖，汗珠子直淌，陈参谋长想起了日本语言中有许多汉字，兴许他识字呢！于是掏出纸和笔，写下了："你不要怕，我们是共产党领导的八路军，宽待俘虏；你已经放下了武器，我们不会伤害你。"那日本兵看后神色大为缓和，要过纸和笔写下了"理解"两个字。接下来，他又告诉陈参谋长他是日军七十九联队的军曹，名字叫加藤幸夫。

机智勇敢的陈士榘将军活捉了第一个日本俘虏，在以后的战场上，八路军俘虏的日军官兵越来越多，八年抗日战争中，八路军共俘虏日军官兵5 096人。在我军优待俘虏政策的感召下，他们被教育、改造成了坚强的革命战士，还有许多俘虏主动组织了"日本反战联盟"，参与了中国人民的解放事业，为世界反法西斯战争和中国人民抗日战争的胜利做出了贡献！

（田悦慧）

抗日名将陈光

在八路军太行纪念馆主展馆陈列着一幅1937年8月国民革命军第八路军指挥系统表，其中有一个“被湮没的抗日骁将”，一一五师三四三旅旅长陈光将军。

陈光是红军时期及抗战时期的著名将领，曾任红一军团代理军团长，八路军一一五师三四三旅旅长。1938年3月2日，一一五师师长林彪在山西隰县晋绥防区经过时，由于他身披一件从平型关战役中缴获的日军黄呢校官大衣，胸前挂了望远镜，被晋绥军的哨兵误认为是日军，开枪射伤。由于林彪伤势严重，急需挑选一人来接替林彪。而此时一一五师刚刚分家，政治委员、副师长聂荣臻率师独立团与总部特务团一部，留在五台山地区建立晋察冀根据地，徐海东的三四四旅，又已划归八路军总部直接指挥，代师长的人选只有在师政治部主任罗荣桓和三四三旅旅长陈光中间产生。

抗日战争时期的陈光将军

由于军情紧急，加以当时八路军总部在太行山，来不及与中央军委协商，朱德、彭德怀在当天晚上发布命令，任命陈光为一一五师代师长，并且告知蒋介石。同日晚24时，中央军委主席毛泽东与军委参谋长滕代远联名致电罗荣桓：“林之职务暂时由你兼代。”这样，关于一一五师代师长的任命，先后下达了两个不同的命令。

一一五师代师长陈光与罗荣桓等领导在一起

中央军委和八路军总部的命令各有道理，两人各有优势。从参加红军开始，罗荣桓是红四军的政委、红一军团政治部主任、红八军团政治部主任、红三军团政治部主任，一直从事政治工作，没有当过军事主官；而陈光正好相反，他一直搞军事工作，曾任红十二师师长、少共国际师师长、红二师师长，红一军团军团长，如果从作战指挥的角度上看，让陈光来接替林彪似乎更合适一些，长征路上他就曾指挥过飞夺泸定桥和攻占腊子口等一系列著名战斗，是红军著名高级指挥员之一。

尽管中央军委倾向罗荣桓担任此职，但在朱德、彭德怀先发出任命电文后，毛泽东也认可了这一事实，同意了八路军总部的决定。罗荣桓愉快地接受了这个决定，陈光也未因中央军委曾致电罗

一一五师部分领导合影，左起：陈光、赖可可、肖华、罗荣桓、梁必业、王秉璋、陈士榘、王立人、杨尚儒、苏孝顺、张雄

荣桓兼代一一五师师长之职，而对罗荣桓心存芥蒂。

之后，他们俩开始共同指挥一一五师。从午城、井沟战斗的胜利，到薛公岭、油房坪、王家池伏击敌人，三战三捷，毙伤日军1200余人，粉碎了敌人进攻黄河河防、威胁陕甘宁边区的企图。1938年12月，根据中央军委和八路军总部指示，陈光和罗荣桓率一一五师师部和六八六团挺进山东。

一一五师深入泰西，好似插入敌人心脏的一把尖刀，严重威胁着泰安、济南和津浦铁路中段的敌人。5月初，山东日军最高指挥官尾高龟藏，亲自指挥日伪军5 000余人，企图寻找一一五师主力决战。陈光率领一一五师直属队、六八六团、津浦支队及鲁西区党委等共3 000余人，陷入了敌人的包围之中。这时，罗荣桓去东汶支队检查工作不在师部，指挥的重任就落在了陈光肩上。陈光冷静沉着，虽日军势众而且武器精良，但我八路军依然坚强不屈，和日寇进行了陆房战斗，率领各部分路突围，安全转移。陆房激战，我军共毙伤日军联队长植田大佐以下1 200余人，我军仅伤亡360人。

1942年刘少奇到山东检查工作时与陈光合影

陈光在山东工作的四年期间，指挥部队取得了樊坝战斗、陆房战斗、梁山战斗等一系列的胜利成果，为山东抗日根据地的建立、巩固和发展壮大发挥了巨大作用。1943年4月中旬，根据中央指示，陈光和夫人史瑞楚带着他们两周岁的儿子东海，离开了抗战前线，从莒县的胡子村出发，经过湖西、冀鲁豫、冀南军区，越过津浦、平汉铁路封锁线，在太行山八路军总部休息了半个月后，遂同党的“七大”代表罗瑞卿、刘志坚、薄一波等一道奔赴延安。

（任慧鹏）

八路軍太行紀念館

第二部分

战火硝烟

平型关大捷

提起八路军战士打鬼子的战斗故事，那是数不胜数，但有这么一次被军史上誉为“打破日军不可战胜的神话”的战斗，却深深记在人们的记忆中，这就是平型关大捷。在八路军太行纪念馆的展厅里，专门将它制作了多媒体战斗场景，通过声光电等多种手段，生动再现了当时痛击日寇的场景，感动了一批又一批的观众。

1937年9月中旬，不可一世的侵华日军在占领了山西大同后，分兵两路向雁门关、平型关一线进攻，企图进逼太原。日军察知雁门关国军工事坚强，于是集中力量专攻平型关，为此，第二战区决

林彪、聂荣臻等首长在平型关战斗前线

平型关战斗凯旋归来的八路军将士

定在晋北内长城一线组织大规模的平型关战役。日军主力由涞源进发，另一部由广灵攻向灵邱，中国军队则向平型关、雁门关、神池一线集结，阻止日军前进，布署第六集团军、第七集团军退守内长城的雁门关、茹越口、平型关一线，保卫山西腹地，并指挥八路军一一五师至晋北协同防守内长城一线。为配合友军作战，阻挡日军的攻势，刚刚来到山西前线的八路军一一五师在师长林彪、副师长聂荣臻指挥下，奉命开抵平型关地区集结待机。

新中華報

405

南京政府遷都重慶

平型關戰鬥回憶

《新中华报》刊载的平型关战斗纪实

24日，根据侦察情况，得知日寇将有一部偕同大批辎重车辆，沿灵丘至平型关公路西进。为此，林彪师长与聂荣臻副师长亲自到前线观察相关地形后，判断日军进军路线，决定在平型关东北数十公里处设伏打击敌人。这天夜里，八路军以3个团的兵力冒雨设伏于平型关东北5公里处的公路两侧山地，他们不顾劳累，急忙挖好掩体，然后静悄悄地守在阵地前，耐心地等待敌人进入伏击圈。

晨7时左右，汽车的马达声终于从远处传来。日军的车队开了过来，八路军战士们听到汽车的轰鸣声，立即警觉起来，平型关道路狭窄，雨后路面泥泞，日军机动性大减。过了好大一阵子，敌人的汽车队才进入我们的伏击圈。战士们抬头一看，真是小鬼子的汽车队，车上还插着太阳旗呢。

汽车越来越近了，埋伏在战壕里的八路军战士，已经能看清车上的鬼子戴着闪光发亮的钢盔，怀里抱着上了刺刀的步枪，隐隐约约还能听到他们叽哩哇啦在说话。鬼子的汽车一辆接一辆地往口袋里钻，足有一百多辆，后面还跟着二百多辆骡马大车，再后面才是骑兵。

战士们着急地想立刻就揍这批小鬼子，生怕敌人插了翅膀飞跑了，急切地等待着命令。师长林彪正准备下令开火，罗荣桓在一旁用胳膊肘碰他一碰，他仔细观察，发现鬼子的车队竟停在了峡谷里，原来是敌人生怕战线拉的太长，遭到伏击，所以等待后面的骡

平型关大捷纪念馆

马大车跟上来。这下倒好，敌人是有意将所有的肥肉都要塞到咱们的"嘴里"。林师长俯下身子，静静地等待鬼子的辎重部队全部进入伏击圈，再发起进攻。

过了一会儿，一位参谋说，"师长，敌人全部进沟了。"

"好，立即开火！"林彪果断下达战斗命令，信号弹腾空而起。机枪、手榴弹顿时响成一片，我军居高临下，一起朝敌人开火。停在沟里的日军被这突如其来的打击弄得惊惶失措。最前面的汽车已着起了大火，车上的士兵纷纷跳车，藏到了车厢底下。后面的车辆想再往前走，但路已经被堵死，骡马更是乱成一团。

八路军战士向谷底发起了猛烈的进攻，日寇急忙用车辆作掩体进行反击，并派出一部企图抢占公路西侧制高点"老爷庙"，掩护突围。面对如此紧急的情况，师首长立即调派部分部队立刻越过公路，占领公路东侧，将鬼子压制于狭谷之中。

随着冲锋号的一片响起，八路军将士纵身从战壕里跳了出来，冲入敌群，展开了白刃格斗，战到午后，六八六团与六八七团合力全歼了沟底日军的辎重队，并一起向日军辛庄残部杀将过去，在长长的峡谷里，留下了千余具尸体。这次战斗，击毁敌人汽车100余辆，马车200余辆，缴获步枪1 000余支，机枪20余挺，火炮1门，以及大批军用物资，取得了全国抗战开始以来中国军队的第一个大胜利。在当时日军长驱直入、国民党军队节节后退的形势下，八路军首战告捷，有力地打击了日军的猖獗气焰，打破了日军不可战胜的神话，极大地振奋了全国的民心、士气，使全国人民看到了中华民族的希望所在。

（李国伟）

夜袭阳明堡

在八路军太行纪念馆的展厅里，陈展着一位民族英雄的照片，这就是八路军一二九师夜袭阳明堡战斗中牺牲的七六九团三营营长赵崇德。于是，这张普通的照片成为了我们寻找这段战事陈迹的起点。

1937年10月上旬，日军侵占代县、崞县后，继续南犯，目标直指太原。国民党退守忻口东西一线阵地，阻止日军进攻，保卫太原。为配合国民党军作战，八路军第一二九师三五八旅七六九团团长陈锡联奉师长刘伯承的命令，在代县、崞县以东地区，打击南犯之敌。

10月中旬，陈锡联率第七六九团进至滹沱河南岸苏龙口、刘家庄地区。苏龙口是滹沱河东岸一个不小的村庄，顺河南下便是忻口。这时，忻口会战正在激烈进行中，日军的飞机时而两架、时而三架从战士们头顶飞过。有的战士气得大骂：狗日的飞机，有本事你下来呀！

在阳明堡战斗中牺牲的三营营长赵崇德烈士

从飞机起飞的频率来看，这附近一定有日军的机场。经过反复侦查，七六九团战士终于在隔河约五里外的阳明堡，发现了日军飞机的起降点。战士们在滹沱河南岸的一个山头上观察，清楚地看到：机场位置在阳明堡镇以南，机场里准备起飞的飞机正在加油、装弹，刚刚降落的飞机则由汽车牵引到停机坪的一角检修，机场里活动的人员并不多，机场周围设有铁丝网并构有简单防御工事。

战斗中烧毁敌机的情景

为保证作战行动顺利进行，陈锡联团长带着第二营营长孔庆德、第三营营长赵崇德等人，化装成老百姓，沿着滹沱河的山沟向机场进行实地侦察。通过对机场附近的地形进行观察，又找到附近的群众了解到，机场内共有飞机二十四架，白天轮番轰炸忻口、太原等阵地，晚上返回机场。防御工事粗糙，周围设有铁丝网并构有简单的工事掩体和隐蔽部。此时的日军主要精力集中在前方忻口阵地，对后方的戒备比较放松，而且他们根本就不会想到，八路军会迂回至后方进行袭击。

回到营地，陈团长就立即召集团里其他领导分析研究敌情，决定采取秘密而迅速的夜间行动，出其不意袭击日军机场。按照拟定的计划，陈团长以第三营为突击队，袭击机场。以一营袭扰牵制崞县的敌人。以二营为团预备队，以八连于王董堡附近，破坏阳明堡西南的交通，阻击敌人的支援，保障三营的后方安全。团迫击炮和机枪连在滹沱河东岸占领阵地，对三营进行火力支援。

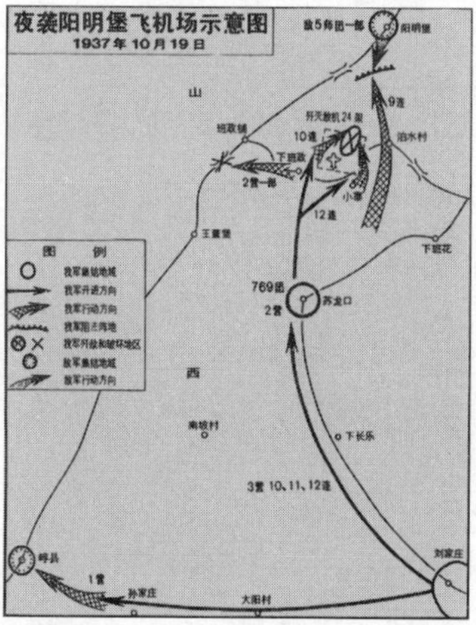

夜袭阳明堡飞机场战斗示意图

19日晚一片漆黑，只有几颗小星星在天上闪着微弱的光。七六九团战士踏上了奇袭日军机场的道路，拉开了一二九师进军晋

夜袭阳明堡飞机场战斗时的七六九团团长陈锡联

东第一仗的序幕。

三营在赵崇德的带领下悄悄渡过滹沱河。以第九连警戒阳明堡方向，以第十连、第十一连和机枪连组成突击队向敌人机场摸去。他们用钢钳剪开铁丝网，匍匐着爬进了机场。同时第十连三排也以迅猛动作向机场西北角扑去，准备消灭隐蔽在那里的敌人。赵营长率领十连和十一连直奔机场东南侧的机群。

黑暗中隐约可见敌机整整齐齐的停在那里，黑糊糊的像一群大鸟。目睹这些庞然大物，战士们又惊又喜，复仇的机会到了！可又不知道该如何把这些家伙搞掉！几位战士就挥起砍刀向飞机劈去，也有的战士抄起铁锹朝飞机肚子上狠狠铲去，举起手榴弹狠砸机翼；还有的战士爬上飞机，盲目开火。没想到却把机舱里睡觉的鬼子吵醒了，对方也慌忙行动起来，日军哨兵也喊叫起来，双方同时开火，枪声四起。

此时，一群敌人嚎叫着冲了出来，马上敌我双方进入了短兵相接的时刻，一场你死我活的白刃格斗展开了，八路军战士们杀退了敌人的几次反扑，保证了爆破敌机任务的顺利完成。激战一小时，24架飞机全部炸毁，机场地面设施全部摧垮，歼灭敌警卫连队一百余人。

三营胜利完成了预定的作战任务，赵崇德命令部队迅速撤出战斗，向指定地区转移。他走在最后，掩护战士们转移，残敌仍不断地向八路军射击，战士们为了营长的安全，再三劝他先行撤离，他坚持不肯先走。就在这时，他不幸中弹，身负重伤倒在地上，大家把他扶起来，准备抬上担架，他用尽最后的力气说："不要管我，同志们快撤，快……"话没说完就合上了眼睛。

"为营长报仇！"三营的战士们满怀悲壮，把一颗颗手榴弹扔向敌人。有的战士把所带的手榴弹绑在自己身上,扑进敌群同归于尽。这次战斗我军以伤亡30余人的代价,创造了用步兵歼灭大量敌机的光辉范例。

70多年过去了,赵崇德的身影并没有远去,他的青春之光一直照耀着我们,英雄魂魄永存。

(陈　静)

急袭长乐定乾坤

1938年的4月初，日军纠集以一〇八师团为主力，十六、二十、一〇九师团及酒井旅团各一部共10个联队约3万人，由同蒲路的洪洞、太谷、榆次，正太路上的平定，平汉路上的邢台，邯长路上的涉县、长治和临屯公路上的屯留等地，分九路向晋东南抗日根据地围攻，企图将八路军主力消灭在晋东南一带。

八路军总部对粉碎日军九路围攻作了充分的准备和周密的部署，作出了“以一部兵力牵制敌兵多路，集中主力击破敌一路”的作战方针。朱德、彭德怀还以东路军总、副指挥的名义动员东路军指挥部所属的晋东南的部队共同作战。

4月10日前后，从东、西、北三面进犯的日军，相继侵入根据地。其中除一股侵占辽县，一股窜至辽县以东，其他各路都被抗日部队拦截阻击，迟迟不能前进。只有南面日军一〇八师团3 000余人，在日军苫米地旅团长的亲自指挥下，分成两路：一路以一〇五联队为主，由长治经襄垣侵入辽县；一路以一一七联队为主，由屯留经沁县入侵武乡。

苫米地旅团是一支装备精良的部队，进入太行山后，一路上急于寻找八路军的主力作战，但遭到的却是不断的袭扰，加上广大人民群众实行坚壁清野，找不到一粒粮食，使之粮食急缺，狂躁不安。侵入武乡县城后，更是兽性大发，将这座古城焚之一炬，没有来得及躲走的老百姓悉数被屠杀，到处是残垣断壁，尸体横陈。仅在城东的马庄村，就有86人死于日军的屠刀之下，制造了一个“无人村”。

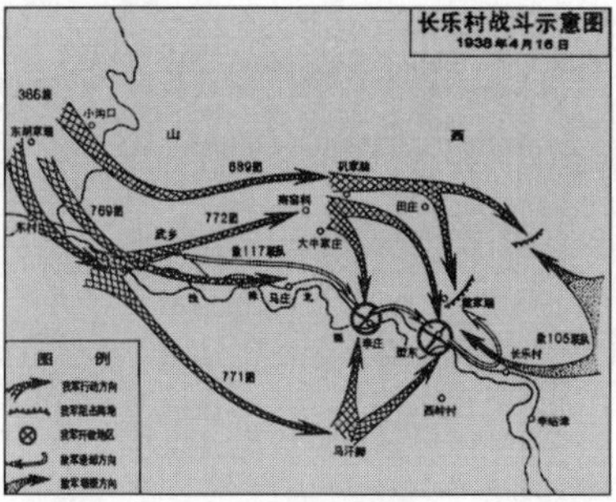

长乐村战斗示意图

4月15日夜，苫米地旅团的一一七联队，趁夜色的掩护沿着浊漳河向襄垣方向南窜，一二九师命令七七二团、六八九团为左纵队，七七一团为右纵队，七六九团为后续部队沿浊漳河两岸平行追击。4月16日清晨，在武乡长乐村一带，将日军拦截，为了不失战机，七七二团在六八九团尚未到达的情况下，迅速占领浊漳河北岸高地，轻重武器一起开火，顿时敌军人马车辆乱作一团，辎重车辆遗弃满地。与此同时，七七一团也从对岸山头上向敌人进攻。战斗进行到激烈时，英勇的八路军战士从陡坎上跃下，冲入敌群，与敌人展开了肉搏战，将敌人在马家庄、白草洳、里庄、型村、长乐等处的一溜长蛇阵截为几段。敌人在两面夹击之下，首尾不得相顾，为垂死挣扎，有的钻到车底下，有的利用死马死尸作掩护，进行拼死抵抗。

长乐村战斗纪念碑

已过长乐村的敌军主力，发觉自己的后续部队被围，马上集中1 000余人掉过头来回援解救，他们向我军七七二团左翼戴家垴发起猛攻。陈赓旅长命令七七二团十连担任阻击任务，该连与10倍敌军激战4小时，战斗打的悲壮激烈，一排战士全部壮烈牺牲，击退多次进攻，终因寡不敌众，阵地被敌军攻陷。12时，第六八九团赶

长乐村战斗主战场

到立即向敌军进攻，日军犹如输红了眼的赌徒，不惜血本，拼死反扑，阵地被双方拉锯般的争夺着，经反复七八次勇猛冲杀，我军将戴家垴阵地夺回。

下午3时，敌旅团长苫米地少将，率其部第一〇五联队附炮兵、工兵、辎重部队3 000多人，由辽县经蟠龙赶来增援，而在蟠龙附近担负打援任务的国民党第三军曾万钟部，竟然一枪未发把敌放过。增援日军在炮火的掩护下，一路由蟠龙向马村附近六八九团阵地攻击，一路会同长乐村敌军向第七七二团攻击。这样，增援敌军1个联队，配合敌在战部队，共约3个步兵联队、1个炮兵大队、骑兵数百人，再次向七七二团主阵地实行猛烈的反突击。穷凶极恶的敌军如此疯狂的数次冲锋，炮声隆隆，子弹如雨，战斗之激烈为抗战以来所罕见。

战斗激战到下午5时，辽县方向又有1 000多日军赶来增援，此时，我军已将被围之敌全部歼灭，为了保卫已经取得的胜利，刘伯承师长命令部队立即撤离，向榆社郝壁村集结。

长乐之战，是粉碎日军对晋东南九路围攻的决定性的一战，歼敌2 200多人，给敌人九路围攻主力部队108师团以毁灭性打击，粉碎了日军历时23天对晋东南的九路围攻。战斗中八路军也有800多人壮烈牺牲，英雄的七七二团团长叶成焕，在奉命撤离之际，不幸头部中弹，光荣殉国。

（张晓鹏）

长乐村战斗祝捷大会上展出我军缴获的日军战利品

黄崖洞保卫战

在八路军太行纪念馆的展厅中，有一处仿真景观，让众多前来参观的游客驻足欣赏，这就是著名的“黄崖洞兵工厂”。

黄崖洞位于黎城县上赤峪村西的板山岭下，因为这里悬崖陡壁皆为黄色，还有可容百人的天然山洞而得名。壁峰矗立，陡崖千仞，大自然的“鬼斧神工”使黄崖洞集太行山的雄、奇、壮、美、秀于一身。七十多年前，八路军在此创建了抗日战争期间最早、规模最大的兵工厂。为了保卫这一兵工厂，也曾进行了闻名于世的坚守防御战斗——黄崖洞保卫战。

八路军纪念馆黄崖洞兵工厂景观

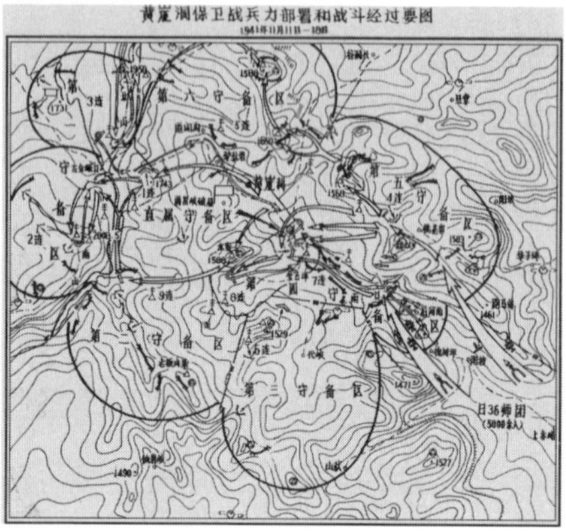

黄崖洞保卫战兵力部署和战斗经过图

抗日战争爆发后，我八路军挥师深入敌后进行抗日。当时我军武器非常匮乏，一个班只有三五支步枪，有的战士不得不拿起长矛大刀和敌人拼杀。为了尽快解决我军武器装备问题，1938年9月八路军总部在榆社县韩庄村成立了总部修械所，组织修理我军在战斗中损坏的武器和缴获的敌人枪械，同时还兼造地雷、手榴弹、步枪，但仍远远不能满足抗击日军的需要。不久总部军工部决定以修械所为基础，扩建了兵工厂，地址选定在黄崖洞。

八路军兵工战士在克服极端艰苦的条件下，日夜工作，在这里制造武器弹药，并运送到抗日杀敌的最前线。黄崖洞逐渐变成为我抗日根据地规模最大的兵工生产基地，年产的武器弹药可装备16个团。

黄崖洞兵工厂的日益发展，使日本侵略者感到恐惧。1941年11月，日寇纠集5 000余兵力包抄黄崖洞，兵分多路强攻黄崖洞。综合各方面的情报，彭德怀、左权判断，日军此次“扫荡”的意图在于合击八路军总部机关，破坏黄崖洞兵工厂。于是两人立即下令，要担任保卫兵工厂任务的总部特务团大部出山迎敌，利用有利地形节节抗击敌人，不让其进攻势头的高峰推到总部机关和兵工厂跟前。

特务团团长欧致富受领任务后，立即率部出发。该敌窜向黄崖洞东南的西井镇，当天夜间，彭德怀直接通过电话向欧致富下达命令。黄崖洞的守备部队天亮前全部进入阵地，并强调有困难也不许讨价还价。凭着指挥员的直觉，欧致富马上感到了敌情的严重

黄崖洞兵工厂旧址

性。他赶紧与团政治委员郭林祥等人分头向各营传达命令。

不久欧致富又接到总部电话，左权要求：此次作战是阵地防御战，特务团在黄崖洞先顶上5天，5天后再另作部署；在5天以内，特务团一定要把兵工厂的机器设备、产品和其他物资掩埋好，把工人安全转移走，并随时和总部保持联系。把敌人咬住拖住，就是特务团的任务。

11月10日下午，日军兵力部署完毕，开始试炮，企图用炮弹扫雷。特务团设雷组的战士则与敌人炮弹打起了“游击”，待敌人全面炮击后，又突击埋雷，日军几次偷袭南口，均未得逞。

八路军战士凭借天险，顽强战斗、英勇杀敌，打退了敌人一次

黄崖洞保卫战烈士纪念塔

次疯狂的进攻，掩护了兵工厂机器的安全转移和埋藏。在战斗中，守卫南口的一个班牺牲完了，只留下司号员崔振芳，他毫无惧色奋不顾身地站在前沿，孤身战斗在陡崖上，居高临下，投出了100多枚手榴弹，炸死敌兵数百人。最后，所有的手榴弹都投光了，人也累得爬不起来了。这时他听到了增援部队赶到的呼喊，使尽力气刚站直身体准备迎接战友，不料却被一块炮弹崩起的石块击中了喉咙，顿时血流如注……

从11日至17日，敌军连续数日对防守阵地进行强攻，八路军抗日将士凭借天险，英勇杀敌，顽强打退了敌人一次次的疯狂进攻，在这次保卫战中，守卫在水窑口阵地上的战士与三面进攻之敌，展开了白刃战，击退敌人十余次冲击。山石上血迹斑斑，阵地前遗尸累累，敌人始终未越过水窑一步。

在黄崖洞保卫战中，我八路军以不足一个团的兵力英勇抗击，经过八个昼夜的激战，歼敌1 000余人，以敌我伤亡6:1的辉煌战绩，“开创了中日战况上敌我伤亡对比空前未有之纪录”。

（董海鹏）

真实的“李云龙”

电视连续剧《亮剑》播出后，在社会上引起了极大的反响。在八路军纪念馆展厅的讲解接待中，常常有许多观众会提到与“亮剑”有关的问题，对剧中李云龙率领独立团全歼日军观战团的精彩战斗留下深刻印象。然而这场精彩的战斗，并非是单纯的艺术加工，而是一次真实的战斗，那就是发生在山西洪洞县的韩略村战斗。

1943年10月，日军调集两万余人，用最毒辣的“铁滚式三层阵地新战法”，对我太岳根据地发动了空前大“扫荡”，企图一举摧毁我太岳根据地。侵华日军总司令冈村宁次向东京参谋本部夸口说：“这次要迫使共军在黄河岸边背水作战，不降即亡。”东京参谋本部以为冈村宁次真的胜券在握，特从各地抽调一批军官组成规模可观的“军官观战团”，由少将旅团长服部直臣带领前来观战。

正在这个时候，蒋介石掀起第三次反共高潮，密令胡宗南闪击陕甘宁。为了粉碎蒋介石的反共阴谋，中央决定从前方调一批部队回防陕北，保卫党中央，三八六旅旅长兼太岳二分区司令员王近山部亦在回防之列。王近山是一二九师出名的猛将，打仗素以“猛扑、猛冲、猛打、猛杀”四猛

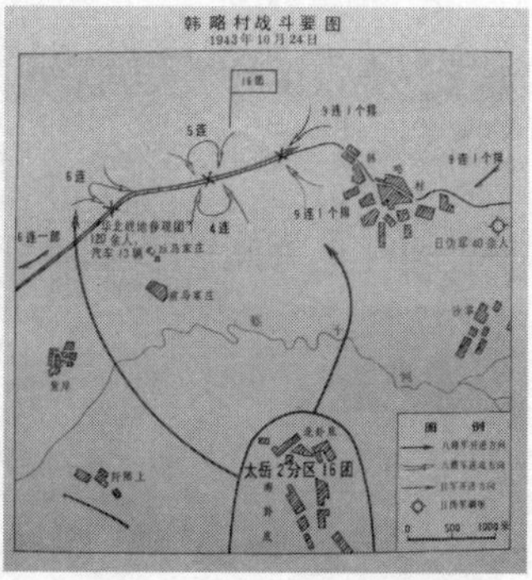

韩略村战斗要图

抗日战争时期王近山与陈锡联留影

闻名，曾被敌我双方指挥官戏称为“王疯子”。部队出发前，陈赓把王近山叫到面前，再三叮咛：“你部尽快赶赴延安是最重要的任务，途中不能求战，你要切记啊！”王近山向陈赓司令员深情地敬了一个军礼，带领该旅十六团整装出发，离开驻地长子县西峪村，向西南方向进发。

这时，扫荡的敌人已深入我腹地，正在东闯西撞，寻找我主力作战。王近山带领十六团神出鬼没，寻找着日军包围圈的间隙，穿插而过，时而突然出现给敌人以猛烈杀伤，时而销声匿迹，无影无踪，跳出了敌人的封锁，乘虚逼近敌人前敌指挥部所在地临汾，又调头北上，迎敌而去，然后又转到敌人背后，插到临汾东北方向的韩略村南。

韩略村位于临屯公路边，地形险要，可偏偏在这里遇上了敌人。“快隐蔽！”王近山果断下达命令，部队迅速散向路边的山地。王近山拿起望远镜向远处观察，只见一个日军车队，前面三辆小汽车，后面跟着十辆卡车。王近山早已忘了首长“途中不能求战”的命令，马上兴奋起来：“哈哈，这可是快肥肉啊！我的命怎么这样好，被我撞上了。”一旁的三营长看出了旅长的心思，提醒道，“旅长，出发前司令员可是一再……”

“去去去，到嘴的肥肉不吃多可惜，再说不就一顿饭的时间，何不

韩略村战斗烈士墓

来个顺手牵羊，命令部队做好战斗准备，速战速决，快！”

王近山指挥部队马上进入战斗状态。十几分钟后，鬼子车队出现在十六团官兵的视线中，由于这是在他们控制的心脏地带，离临汾较近，因此根本没有提防和发现我军设伏。车上日军有说有笑，车辆上卷着尘土，进入了我伏击圈。

王近山与妻子、儿子合影

王近山看着车队已全部进入我军的“口袋”之内，大叫一声“打”！设伏部队同时开火，浓浓的硝烟顿时笼罩了整个路沟，手榴弹集中投向敌车队头部和尾部，顿时，敌人的车队立刻瘫痪了。王近山振臂高呼：“跟我来，冲啊！”战士们跳出掩体，与敌人短兵相接，战斗持续了一个多小时，120多个日军除3人逃脱外，悉数就歼。为了避免被鬼子的增援部队包围，王近山果断率部撤离，这一仗打得干净利落。部队在王近山的带领下，乘夜间分三路成功突破敌人的封锁线，迅速挥师西去，奔向延安。

战后从缴获的日军文件和我谍报站的消息证实，被王近山半路撞见并消灭的这股鬼子，正是日军从各地抽调精英组成的“军官观战团”，包括少将级军官9人，大中少佐级军官99人……

《解放日报》发表文章，称赞十六团全歼日军服部直臣少将为首的“军官观战团”的重大胜利，“创造了在敌占区伏击战的光辉范例。”

（胡　飞）

沁源围困战

在沁源，“二年半”是抗战时期存活下来的人们说的最多的词。“家家户户全疏散，村村镇镇无人烟。困牛先把粮草断，小日本，咱水胶鳔胶熬熬看！”这首《围困歌》，一个“熬”字道不尽沁源人民的酸甜苦辣。在八路军太行纪念馆主展馆内，其中就陈列着反映沁源围困战的内容。

沁源县位于太岳山下，抗战时是晋冀鲁豫边区太岳抗日根据地的腹地。1942年10月，日军对岳北地区发动冬季“扫荡”后，为了达到摧毁抗日根据地的目的，采取“腹内开花”、“长期驻剿”的鬼花招，即在大部分日军撤出根据地之后，留置第六十九师团第六十旅团的伊藤大队和第五十九旅团第八十四大队的小夺中队于沁源，在根据地内建立据点，进行守备，从据点出动进行分区清剿，并插上了“山岳剿共实验区”的牌子。妄图在抗日根据地的腹心区长期驻扎，进行特务活动，诱骗群众“维持”，把太岳抗日根据地变成其所谓的“治安区”。

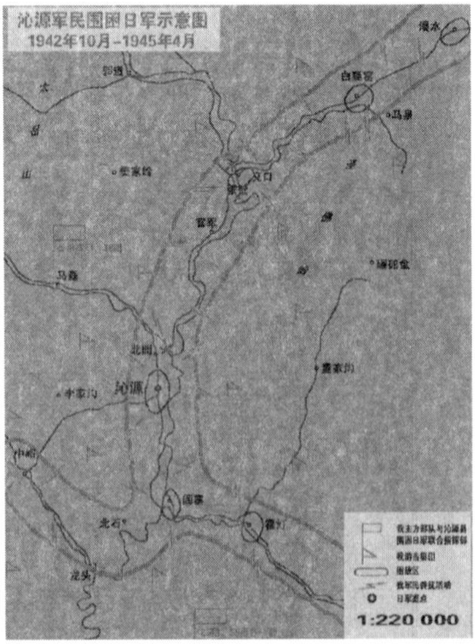

沁源围困战示意图

沁源围困战胜利后军民登上日军碉堡欢庆胜利

为了打击敌人，保护群众安全，太岳军区决定，把百姓转移到周围山上，15 000名老百姓全部撤出，沁源变成了空城，造成一个没有人民的县城。并且在撤退的同时，开展了空室清野大行动，把水井填死、碾磨炸毁、粮食运走，隐匿到深山老林与敌周旋，使日军失去了赖以生存的物质条件。

转移出来，上万人的吃住都成了问题。开头，一个庄子几间房要住一百多人，不少人要露宿山头。槐花、苦菜、灰条叶子、山韭菜……都成了军民的口粮。于是，军队开始“每人每日节约一两粮给群众”，全县军民开始开荒、抢粮、抢种，还形成了山头集市……

转移出来的群众，在山沟山湾里打了五千多孔窑洞，赶在大雪之前，一家家都住进了新的窑洞。山沟土凹里插起了一块块木牌。木牌上有的写着“正气沟”、“坚定庄”，有的写着“顽强圪梁”、“伟大山头”……这些都是群众创造出来的崭新村名。

接着又掀起了“抢粮运动”。趁敌人夜间防范疏忽，八路军三十八团掩护民兵和群众进城抢粮，有时一夜之间竟出动军民上万人。沁源城内北街一个妇女叫郭效兰，连续几次摸回家，背出了8担粮。有一次，她竟摸到敌人的粮站，把敌人装好的5斗小麦也扛了出来，一下成了群众心目中的英雄。劫

沁源联防民兵在袭击敌人碉堡

敌英雄史载辕，有一次摸进据点，把敌人一箱子弹也扛了出来。甚至连井上的轱辘、碾盘上的转轴，也被群众拿了出来，弄得敌人几乎连水也喝不上。在民兵掩护下，沁源人民从敌占区共“抢”回了大约8 000石粮食。

在作好保护群众的基础上，根据中共中央北方局、八路军总部提出的广泛开展群众性的游击战的指示，太岳区党委和军区确定了“依靠广大群众，广泛开展群众性游击战争，实行长期围困，战胜敌人”的方针，从控制敌人补给线入手，对敌人进行围困战斗，主力部队与民兵、群众相互配合，全力开展破路战。同时，动员一切力量严密封锁和彻底地围困敌人。主要是通过在敌占点、线周围彻底转移群众与空舍清野，做到距离据点10里以内，距离交通线5里以内，保证没有一个人与一点可利用的东西。同时组织临时脱产的武装民兵，帮助转移出来的群众，树立同舟共济的对敌观念。

围困指挥部动员群众一手拿枪，一手扶犁，组织起许多个抢耕队、抢种队。白天，部队和群众扛枪下地，在离敌人据点较远的地

沁源围困战纪念馆

里耕种；夜晚，便深入到敌据点附近的地里抢耕抢种。有时，被碉堡上的敌人发现了，部队和民兵在前边乒乒乓乓地打，后边的群众扶犁摇鞭耕种。等到庄稼一成熟，不分男女老少，都动员起来，到据点附近连夜去抢收。

为了对付敌人，民兵在沁源城通往四乡的道路上，到处都埋上了一排一排的圪针。日军没法通过，只好一枝一枝地拔掉。可万没料到，这圪针底下还连着地雷呢，随着“轰隆”、“轰隆”的爆炸声，一个个日本兵骨肉分了家，脑袋开了花。在沁源人民的打击下，1945年4月11日，占领沁源的日军在衣食、弹药、水源全部断绝的情况下弃城撤退。

沁源围困战是中外战争史上的奇迹，1944年1月17日，党中央机关报《解放日报》特地发表了《向沁源军民致敬》的社论，盛赞沁源围困战是“太岳抗日民主根据地的一面旗帜”、“敌后抗战中的模范典型之一”。

毛泽东也发出感慨之言：“沁源人，英雄的人民，英雄的城！”

（任慧鹏）

张小保与窑洞保卫战

1997年，为了征集历史文物、资料，我们纪念馆一行来到太行山的壶关县常行村，拜访了全国著名民兵英雄张小保。

说起常行村的窑洞保卫战，虽然时隔数十年，老英雄张小保依然是激动异常、侃侃而谈。

那是1944年9月的一个深夜，驻陵川县城日军一个小队，率伪山西剿共军第二师及保安五中队共1 000余人，在汉奸的带领下兵分三路突然包围常行村。村武委会主任徐顺孩、民兵队长张小保接到敌情后，紧急磋商对敌方案，决定分头行动，一面由张小保带领17名民兵到村外埋设地雷，阻击敌人；另一面徐顺孩组织全村380名群众和在村里的部分军政干部家属，把牲畜、粮食等有秩序地迅速转到窑洞内。常行村历史上多处行窑挖煤，村子的南面西面有两个步窑，窑内巷道相通，其中一条就在村子的下面。为了和敌人作长期斗争，徐顺孩、张小保学习外地开展地道战的经验，组织民兵对旧煤窑巷道进行改造，他们从村中间挖了一个口子，和步窑巷道连通，

作者采访著名老民兵英雄张小保

并设置三个出口：一个在村里，两个通往村外，又和一个井窑贯通，成为步窑巷道的通气孔，这样就把原来的旧煤窑建成可守可攻的地下长城。自从修通这个窑洞，在日军来犯的时候，他们就将群众转移到窑洞内，非常安全。

张小保讲述在战斗中缴获日军指挥刀的情景，并将这把军刀捐赠给八路军太行纪念馆

群众安全转移后，张小保与民兵先在村南小松坡下与敌人接上了火，村西、村北的民兵也相继向敌人射击，敌人因夜路不熟，摸不清情况不敢贸然行动，只有躲藏，却不料又进了民兵埋下的雷区。

等到天亮，张小保和民兵撤回窑洞里，这时敌人在汉奸的引导下闯进了村里。他们四处搜寻，终于找到了民兵的窑洞口，但窑洞深不可测，敌人也不敢贸然进去，于是就在村里大肆烧杀，妄图把民兵引诱出来，徐顺孩、张小保又带领民兵在村里利用地形地物掩护和敌人进行周旋。敌人进到村里折腾了一天，可是只听到民兵的枪声根本看不到他们的影子，群众全都进了窑洞，他们又用计假装撤离，却在窑洞周围隐蔽起来。天快黑了，有人以为敌人走了，准备出去。徐顺孩、张小保想，敌人来势很凶，什么也没捞着，决不会就此罢休。为了试探敌人情况，张小保决定先带

常行村窑洞保卫战旧址

两个民兵出去侦察，到洞口刚往外一望，外面黑压压的趴满了人，原来敌人根本没有撤走，不仅西山洞口被封锁了，连南山、北山两个比较隐蔽的口子也被包围啦，一定是有汉奸告了密。

果然，第二天早晨，汉奸王秀贞在洞口喊话劝降，但洞里回答他们的是愤怒的子弹。敌人看劝降无效，便组织兵力往洞里冲，但进一个死一个，敌人又把抓来的村民徐小二推到前面带路，几个伪军随后往洞里钻。徐小二提着灯笼走在前面，快接近民兵坚守的隘口时，他忽然灵活地把灯笼一扔，顺势滚下洞里。这时张小保看到徐小二安全脱险，“叭！叭！”两枪把随后的两个伪军撂倒。后面的敌人哇哇叫着连滚带爬退出了洞外。

第三天，恼羞成怒的敌人又开始刨洞，并朝里面放火，妄想把洞里的人全部烧死。由于窑洞外高里低，浓烟烈火进不去，敌人的这一阴谋没有得逞，便又想出一个更加毒辣的办法，往洞里填东西，企图把洞口堵死。西口、北口相继被敌人堵死后，整个窑洞里黑咕隆咚，群众开始呼吸困难，又没有水喝。张小保带几个人从南

常行村窑洞保卫战旧址被列为省级文物保护单位

口出去，到地里拔点萝卜回来，暂时救一救眼前的急。

这天晚上，他们研究，应派人和区委联系援助，以求得八路军主力来营救群众。第四天敌人果然采取了惨绝人寰的手段，把毒气弹扔进洞里，坚守洞口的三位民兵壮烈牺牲。民兵和群众个个愤怒满腔，要求冲出去和敌人拼了。徐顺孩、张小保反复向大家说明，这是敌人的最后挣扎，区委一定会派部队来接应我们的，这个仇一定要报，坚持就是胜利。

第五天早上，县武委会带领独立营、区干队和各村民兵1 000余人赶到常行村，把敌人团团围住。徐顺孩、张小保见支援的部队在外面打响，便组织民兵从窑洞的三个出口同时出击，打击敌人。敌人突然遭到里外夹击，只好慌忙逃走。长达四天四夜的窑洞保卫战取得了胜利，这次战斗共击毙日伪军56名。

1944年11月在太行区首届群英会上张小保和徐顺孩被授予“腹心地区一等民兵杀敌英雄”光荣称号。

（郝雪廷）

惊心动魄的陆房突围

巍巍太行，红色武乡。抗日战争时期，这里曾是风云际会，硝烟弥漫的战场，今天人们再一次把焦点聚集到这里。2010年8月29日，曾经战斗在这片土地的八路军将领魂归太行，八路军将领组雕《太行山》揭幕仪式在八路军太行纪念馆举行，我们有幸邀请到了罗荣桓元帅之子、原第二炮兵副政委罗东进中将，刘伯承元帅之女、原总后勤部副主任医师刘解先，朱德外甥、山西省商务厅副厅长刘进等将帅亲属代表参加。剪彩仪式结束后，他们一行人参观了八路军抗战史陈列馆，当走到第三展厅时，看到一一五师挺进山东的展览时，我向罗东进中将请教了陆房战斗的详细情况，听他娓娓讲述了这个惊心动魄的故事。

1938年12月，为加强山东抗战力量，八路军一一五师根据中共中央军委和八路军总部的指示，由一一五师代师长陈光，政治委员罗荣桓率部由晋西出发，开赴鲁西平原。进入齐鲁大地不久，他们便指挥杨勇打下了樊坝，树立了八路军的声威。接着，一鼓作气，直插泰山以西，建立起各级抗日政权，有力地威慑着津浦铁路中段的日伪军。

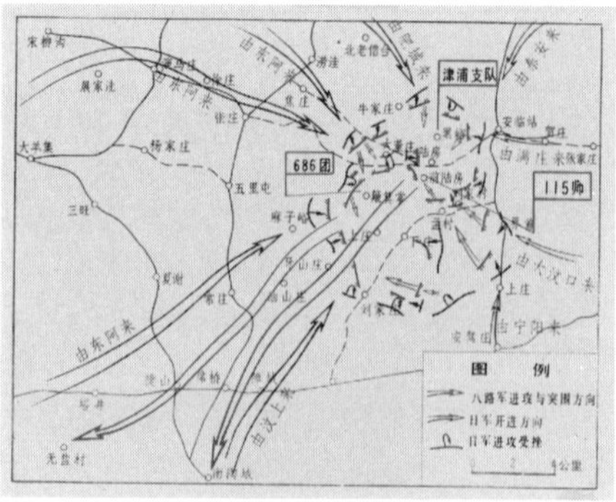

陆房战斗要图

陆房战斗战场一角

八路军进驻泰西，令日军寝食难安，于是，驻山东最高指挥官尾高龟藏，亲自纠集8 000余人马，兵分九路，在飞机、坦克、大炮掩护下，扫荡泰西地区，寻找八路军主力。陈光率领的部队以及鲁西区党委3 000余人，在陆房附近陷入敌人的四面包围之中。一一五师的处境非常危险，在这个严重时刻，陈光果断决定分路突围。这时，日军已经在猛烈炮火掩护下全线发起攻击，并出动飞机轰炸扫射。一一五师师部所在的陆房村房倾墙摧，地动山摇。陈光面对最危险的局面，冷静地指挥各部队：不惜一切代价，坚守阵地，顽强抗击敌人，待夜间寻机突围，他们打退了敌人一次又一次的冲击。

敌人的进攻受阻后，又改变战术，由轮番进攻改为集团冲锋。猛烈的炮火下，敌人以岈山口的石桥为突破口冲了上来。我军组织战士在石桥下放了一捆手榴弹，当成群的敌人一踏上石桥时，战士们拉响了引线，顿时十几个日军被炸得血肉模糊。战斗已经趋向白热化，我军阻击队只剩下一名战士，六八六团政委刘西元立即命令一营增援。这时，只见那个战士把帽子挂在一根棍子上插在一边吸引敌人，自己则绕到敌侧后，连续甩出几个手榴弹，打乱了敌人的冲锋队

罗东进将军出席八路军将领组雕揭幕仪式

人们在陆房战斗纪念碑前凭吊战斗中牺牲的烈士

形。在这危机时刻，我增援部队赶到，随即展开猛烈反击。二连长龚玉烈挥起战刀，带领战士们与敌人展开肉搏，战场上刀光剑影，子弹横飞，龚连长连续刺死几个日军，这时他看见一位战士被三个日军包围，就一个箭步冲过去将一个日军刺倒在地，自己也被刺伤了左臂，就在这种情况下他又砍倒了两个敌人。连指导员在和敌人拼杀时，被一个日军用枪托狠狠地砸在头上，血顺着他的脸流了下来，眼睛被热血模糊了视线，倒在了地上，耳边是战士们和敌人奋力拼杀的声音，一个个战士倒在他的身边，他仍以惊人的毅力站了起来，用刺刀接连刺死三个敌人。当他的刺刀还没拔出来时，另一个敌人的刺刀迎面而来，指导员闪过刺刀，将敌扑倒在地，用拳击、牙咬与敌人扭打在一起，当翻滚到悬崖边时，已是筋疲力尽。他用出最后的力量，死死抱住敌人滚下悬崖，与敌人同归于尽。

陈光到正面的六八六团督战，该团官兵大受鼓舞，他们坚守阵地，连续打退敌人九次疯狂进攻。坚守在陆房村东面凤凰山阵地的师特务营和津浦支队，也打退了敌人五次进攻。战斗一直在白热化中，日军几乎接近了师部，陈光立即派人掩护机关人员后撤，可他一直坚持在最前线。我军战士迅猛进行反击，英勇地与敌人展开白刃格斗，终于打退了敌人，守住了阵地，保卫了师部机关的安全。经过一昼夜的激战，5月12日拂晓，一一五师终于顺利突围，渡过汶河，跳出陆房村，在东平以东的无盐村与政委罗荣桓会合。

（姚彩飞）

“名将之花”命丧黄土岭

在八路军太行纪念馆里有一个反映黄土岭战斗的幻影成像，每年都吸引来自全国各地的游客，那生动的画面，仿佛又把他们带回到了那个硝烟弥漫的战争年代。

那是1939年11月初，坐镇张家口的侵华日军独立混成第二旅团旅团长阿部规秀，派遣日军第一大队和伪军共1 000多人，分兵三路，向我晋察冀抗日根据地北岳区进犯。

晋察冀军区第一军分区司令员兼政治委员杨成武，获悉敌人的作战行动后，立即向晋察冀军区聂荣臻司令员、晋察冀分局彭真书记和一二〇师师长贺龙、政委关向应等几位首长汇报，获得批准后，杨成武将军迅速展开考察地形，确定战斗部署等各项工作，最后决定，在涞源至银坊之间的雁宿崖地区设伏，打击来犯之敌。

11月3日晨，东路之敌在游击队的诱击之下，进入八路军在雁宿崖设伏的包围圈，刹那间，八路军战士如天兵天将，突然从东、西两侧漫山遍野地压下来，手榴弹的爆炸声、战士们的喊杀声震撼着整个山谷。敌人遭到突然袭击，顿时乱了方寸，激战至下午4时，500

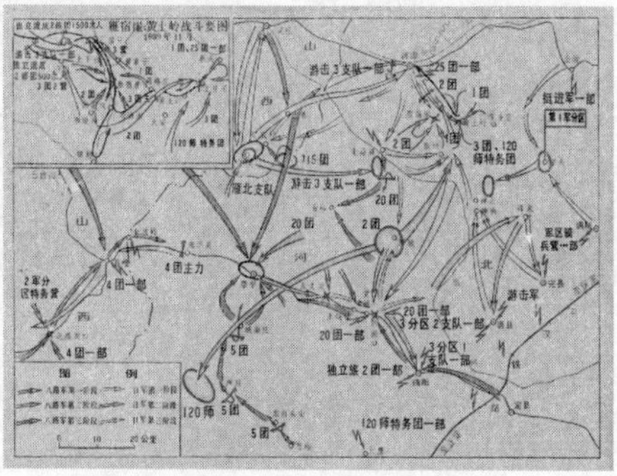

1939年晋察冀军区冬季反“扫荡”作战要图

多名日军除被生俘13名外，其余全部被歼，至于其他两路敌人，慑于八路军威力，连夜向插箭岭据点和涞源城撤退。雁宿崖歼灭战沉重地打击了日军的嚣张气焰，为了洗刷战败的耻辱，阿部规秀亲自率领号称日军精锐的独立混成第二旅团，开始了对我根据地的第二次"扫荡"，从雁宿崖撤下来的部队及时作了休整，经过动员，八路军战士们决心再打一个歼灭战，给阿部规秀一个下马威。

11月4日，涞源等据点之敌1 500余人在阿部规秀的率领下，从涞源经银坊镇向黄土岭方向进犯，企图寻找我八路军主力决战。

杨成武将军在黄土岭战斗前线

杨成武获悉敌人前来报复的情报，认为银坊镇以东至黄土岭一带，山谷狭长，山岭陡峭，如果在两侧伏兵，再以火力封锁两端出口，敌人必然插翅难逃，遂决定以部分兵力诱敌深入，尔后集中兵力，再次予敌以歼灭性打击。

11月5日，敌人进至雁宿崖一带，未发现八路军，便继续东进并向白石口前进，与杨成武派出的小部队接上火，我游击队边战边退，将敌诱至银坊镇。日军恼羞成怒追着游击队，一直来到银坊，还以为追上了八路军主力部队，但出乎日军意料之外，银坊空空如也，气得阿部规秀一把大火烧了银坊镇。

次日，两次扑空后的日军急不可耐，离开了银坊镇，倾师东进黄土岭，寻找我主力作战。当晚，敌抵达黄土岭、上庄子一线、杨成武得知日军行动消息后，命令部队乘夜展开设伏，并集中兵力，对敌人实施包围。7日凌晨，天空下起细雨，阿部规秀率敌主力由黄土岭出发，沿山谷向东移动。下午3点，当敌人全部进入黄土岭以东的峡谷后，这时，杨成武命令我设伏部队突然发起进攻，一团和二十五团一部从敌当面迎头阻击，二、三团分别从西、北、南三面合击，将敌人团团围住，紧紧压缩在上庄子附近约两公里长、百十米宽的山沟里。然后集中了数百挺机枪从各个山头一齐朝山沟中扫射，军分区炮兵部队也参加了战斗，并连续发射了数发炮弹。日军遭到突然袭击后，凭借其雄厚兵力和优势装备，急忙抢占上庄子东北高地，并向寨头阵地反扑，企图冲出包围。于是，双方展开了激烈的山地争夺战，整个山沟里弥漫在一片炮火硝烟之中。

黄土岭战斗中我军炮兵向敌人射击

日军虽武器装备精良，但两侧山高坡陡，东西两翼又被我军严密把守，所以只能就地抵抗。经过了一个多小时的激烈战斗，日军已伤亡过半。战斗进行得异常激烈，就在日军的慌乱反击中，一团团长陈正湘发现在黄土岭与上庄子之间有一个独立的农家小院，院内有多名日军指挥官活动，他急忙命令炮兵连以迫击炮火力对其进行射击，当即将独立混成第二旅团旅团长阿部规秀中将击毙。

失去了指挥官的敌人乱作一团，斗志昂扬的八路军战士再次给日军以致命的打击，直到8日下午，当日军纠集重兵从外围反扑到黄土岭时，八路军部队早已胜利地撤出了战场。

此次战斗，我军共歼灭900多敌人，缴获了大量的军用物资。

黄土岭战斗，它不过是八路军许许多多反扫荡作战中的一次，但它的特殊意义就在于它击毙了日军中将指挥官，这不仅是华北战场上的第一次，也是中华民族抗战史上的第一次，以至于日军华北方面军司令官多田骏也不得不哀叹:“名将之花，凋谢在太行山上。”

黄土岭战斗纪念碑

（董文滨）

白庄奇袭“观光团”

1942年春，侵华日军加紧对我华北地区控制，实施“治安强化”，对抗日根据地进行蚕食。为分割和封锁太北地区，日军在榆社武乡之间新开了一条简易公路。公路修通后，敌人认为他们从辽县经榆社到武乡、沁州的战略公里路打通了，分割太行三分区胜利了，于是组织各地的日本军官来参观、庆功。4月15日上午，日军机械化部队18辆汽车由榆社开往武乡，并于16日接运日军从长治、沁州请来的观光团返回榆社。

我三分区首长获悉这一情报后，立即决定伏击敌人观光团。于是，分区副司令员兼参谋长刘昌毅在武乡贾豁村驻地和侦察队、武工队对近日获取的情报进行综合分析，决定伏击从长治、沁州接观光团返回的汽车队，打他个出其不意，措手不及。决定把伏击地点选在离武乡、榆社县城都比较远的白庄地带，以防敌兵快速增援。

当年指挥白庄战斗的刘昌毅将军

15日下午，各团、营、连都向部队进行战前动员，部队士气很高。大家进行积极备战。在一切准备好之后，一部分部队先奔赴白庄附近公路做战斗准备，勘察地形，埋设地雷。埋地雷的战士蒋耀成，腰里别的一个死驴蹄子，在公路边埋好地雷后，用驴蹄子和日本士兵的胶鞋在路面上拓上印子做伪装。傍晚，战斗部队由刘昌毅参谋长亲自带领，从武东贾豁附近的王堡、李家庄出发，秘密行军，到达白庄附近，部队在公路西边高处的许多沟沟岔岔隐蔽起来。

在伏击地点，刘昌毅同志具体给各连分配了任务，划分地区，各连队沿公路一线摆开，各占一个山沟。侦察队在北头白庄附近的山凹处打敌人的头，决九团各连打腰，决七团的连队负责打尾。决七团是敌人首要经过的地方，刘参谋长一再嘱咐要他们沉着等待，等待敌人车队全部进入伏击区再打，同时要求部队做好伪装工作，不能让敌人发觉有埋伏。战士们用树叶枯草做了伪装，把在敌人可能突击的地方都埋设了地雷。

部队忙活了一个晚上，挖好了掩体，做好了伪装，埋好了地雷。凡是战斗需要的工作，准备就绪。天亮的时候大家进入埋伏阵地，静静等待敌人的到来。16日上午，太阳出山一竿子高的时候，在焦急的等待中，瞭望哨终于传来消息，敌人车队从武乡段村大据点出发了，部队一下子紧张起来，注意力高度集中，同时一次又一次地

白庄战斗遗址

传令，强调不准暴露目标，没有命令不准开枪。

焦急等待的战机终于出现了。公路上尘土飞扬，滚滚而近，车队开始进入伏击区。战士们屏住呼吸，等待着战斗命令。战士们看见，眼前开过来的车队，领先的一辆汽车上朝前驾着一挺九二式重机枪，还有掷弹筒，车上站满了荷枪实弹的日本士兵，敌坐在驾驶室里的日本军官是观光团要员，威风中还带有得意之象。当第一辆汽车驶入侦察队所在拐弯处，最后一辆车驶进决七团的伏击圈时，刘昌毅参谋长果断下达战斗命令。一时间，公路上的地雷同时爆炸，震天动地，敌人的汽车东倒西歪，车上的敌人醒过神来连忙抵抗。

埋伏的战士们一起冲向公路，军号声，喊杀声，机枪声，手榴弹爆炸声，顿时响成一片。敌人在突然袭击下，乱作一团，叫喊声哇哇不断，有的被地雷炸得飞上天又掉下来，有的被压在车下，有的钻在汽车底下负隅顽抗。

战士们冲向公路和敌人拼杀，公路上，河滩上喊杀声一片。有的敌人试图顺坡势往公路右边的浊漳河里滚，战士们穷追猛打，直追到水里，在水里搏杀敌人。战斗到最后，敌人几乎被消灭

白庄战斗中我军的机枪阵地

殆尽。在打扫战场的时候，一些装死的鬼子射杀了我决七团团长尹立海，战士们气愤之下，将敌人的18辆汽车付之一炬，把敌人彻底消灭。

经过两个多小时的激烈战斗，日军高木联队第一一二中队少佐以下226人和20多位观光团的皇军大员，被消灭在榆武公路。同时缴获了步枪百余支，轻重机枪9挺，掷弹筒3具。烧毁汽车18辆。

由于此次伏击战的所创造的地方部队结合民兵游击队伏击敌人机械化正规部队的空前奇迹，太行军区三分区受到一二九师刘伯承师长、邓小平政委的通令嘉奖，刘昌毅也被评为边区腹地山地英雄，并在1944年出席了太行区首届群英大会。

（豆丽芳）

八路軍太行纪念館

第三部分

岁月留痕

神兵天降大青山

2011年11月，八路军太行纪念馆迎来一位老八路的后代，她叫李力清，是老一辈革命家李井泉的女儿，李井泉在抗日战争时期可谓功勋卓著，其最著名的要算开辟大青山根据地了。在荒凉广袤的大青山，李井泉率领大青山支队，转战阴山七百里，歼灭日伪军数千，横扫敌伪凶顽，揭开了大青山抗日游击战争的序幕，胜利地创建了包括绥西、绥中、绥南在内的大青山抗日游击根据地。

那是1938年5月，毛泽东致电贺龙等："在平绥路以北沿大青山建立游击根据地甚关重要，请你们迅即考虑此事。"并致电八路军总部：大青山脉极为重要，派往该地区的部队"须选精干者，领导人须政治军事皆能对付，且能机警耐苦，而有决心在该地创立根据地者"。

李井泉之女李力清为八路军纪念馆捐赠《李井泉文集》等文物资料

大青山地区战略地位极其重要。南有连接集宁、归绥、包头三大重镇的交通命脉平绥铁路，北与蒙古接壤，东南与晋西北相连，是陕甘宁边区的北部门户，是沟通华北和西

李井泉与他的骑兵支队在大青山

北的重要纽带。驻蒙日军及伪蒙军的主力，把这里作为重要的军事枢纽，形成威胁陕甘宁边区、军事进攻蒙古和苏联的前沿阵地。开辟大青山抗日游击根据地，作为晋西北根据地的外翼，保卫陕甘宁边区，能够牵制日军兵力，阻止其西进南下，配合正面战场作战。此外，对于打通国际交通线、沟通中国共产党与苏联和蒙古的联系，加强国际反法西斯力量具有重要战略意义。

根据八路军总部意见，贺龙、关向应等决定组织大青山支队，任命李井泉为支队司令员兼政委。朱德、彭德怀选中李井泉，说明他们认为李井泉“精干”、“政治军事皆能对付”、“机警耐苦”。这个评价当然是极高的。

1938年9月初，李井泉率大青山支队2 300余人冒着酷暑北上进入绥远地区。大青山地区冈峦起伏，村落稀疏，在辽阔的草原和崎岖的山地上，步兵行动十分困难。而日军和伪军不是机械化就是骑兵，行动比较迅速。为适应这一特殊形势，李井泉执行党中央“化步为骑”的指示，一方面从消灭日伪军、围歼顽匪中缴获了大批战马，另一方面向开明绅士和大地主募捐，很快解决了马匹问题，建成一支精干的大青山骑兵支队。

大青山骑兵支队在抗日前线

就在刚进入大青山地区时的一天，大青山支队得到可靠情报，敌寇将有4辆汽车满载日寇士兵和军用物资开往武川县。李井泉司令员

内蒙武川县的大青山抗日游击根据地纪念馆

立即迅速派人侦查地形，并选定在蜈蚣坝顶的盘山弯道上对敌寇进行伏击。伏击的前一天晚上，大青山支队二营营长唐金龙率领部队，按照预先部署分别进入预定位置，并且派战士将蜈蚣坝下面老爷庙旁边的公路桥破坏后进行了伪装。仅用了二十五分钟，就将80多名日军全部歼灭，其中击毙日军少佐一名，烧毁汽车4辆，缴获机枪9挺，掷弹筒5枚和一批枪枝弹药。这一仗打的真漂亮，当地群众都称八路军是神兵天降，有的群众还在家里立起了八路军神位。

大青山支队很快在群众中扎下了根。接着大青山支队又夜袭陶林县城、突袭绥中重镇乌兰花。支队三战三捷后，很快打开了局面，取得了当地蒙汉民众的极大拥戴。

支队战士们经受住了饥饿、寒冷、疲劳等种种艰苦考验，采取机动灵活的游击战与敌人战斗，坚持在大青山这片土地上开辟根据地，条件是艰苦的，斗争是残酷的，但他们把个人安危和国家的命运、民族的前途紧紧相连，彰显了他们英勇无畏、勇往直前的豪气。大青山支队一直坚持到抗战胜利，创建了总面积11万多平方华里、其中比较巩固的游击根据地面积为3万多平方华里的抗日根据地，谱写了风雨八载誓死抗战的光辉篇章。

（张少鲲）

冀东武装大起义

2001年夏，我馆正在进行扩建中的八路军将领馆项目，为了补充资料和征集抗战文物，我特地赴京走访了原冀东八路军高级将领李运昌。当我说明想征集历史资料和抗战文物时，李老遗憾地说，那个时候冀东太艰苦了，斗争非常残酷，保下命的人都不多，哪里能留下什么文物呀。说着，他让老伴刘树屏找出两本书，作为历史资料送给我，一本是《冀热辽烽火》，一本是《冀东大暴动》。

冀东大暴动，也叫冀东大起义，是李老亲自领导的，我就向李老访起了冀东起义的情况。

那是1937年秋，时任河北省委书记的李运昌受北方局派遣，回到冀东开展工作。

李运昌是冀东乐亭人，1924年加入中国社会主义青年团，1925年10月赴广州考入黄埔军校，同月转入中国共产党。1926年毕业后转入第六届广东农民运动讲习所，同年11月任广东省农民协会潮梅海陆丰办事处农军部主任。1932年后回到冀东地区领导恢复发展党的组织，开展抗日救国运动，后任中共河北省委书记。

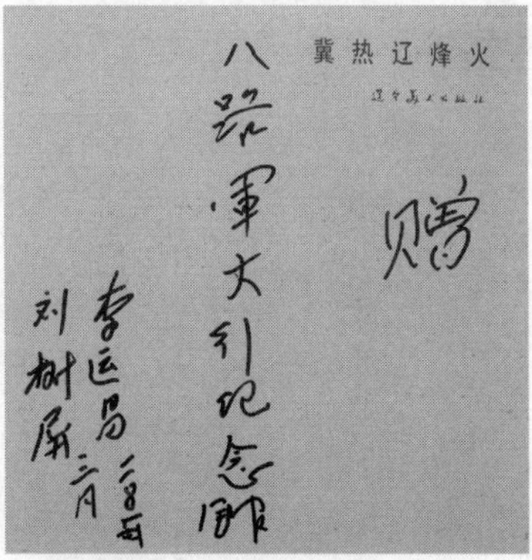

李运昌亲笔签名赠给八路军纪念馆的《冀热辽烽火》

本文作者采访八路军第四纵队司令员宋时轮之女宋百一、政委邓华之子邓穗时合影

1937年10月，根据北方局指示，李运昌调回冀东，任冀热边特委书记，与京东特委配合，恢复党的组织，并适时组织发动武装起义。为了充实起义的军事骨干，省委在天津秘密开办了军事训练班，并派红军干部李润民、孔庆同等同志来到冀东协助工作。

李运昌回到冀东后，迅速发动各县党组织，传达了北方局的指示，要求全体党员深刻认识创建冀东抗日根据地，开展冀东游击战争的战略地位和有利条件，建立和扩大抗日民族统一战线的重要意义。他东奔西走，深入到煤矿、农村、学校进行广泛宣传，吸收各界人士参加抗日民族统一战线，仅仅用了不到两个月的时间，就在冀东掀起了抗日的浪潮，先后在冀东各地组织起了抗日救国会、齐心

冀东起义部队转战长城附近

会、工会、农会、教职员联合会、反帝同盟、民族解放先锋队、学生会等各种抗日团体，广泛宣传抗日救国的神圣任务。年底，在各抗日团体的基础上，形成了一个强大的联合体，筹建成立了“华北人民武装抗日自卫会冀东分会”，李运昌亲自担任冀东分会主任。

华北人民武装抗日自卫会冀东分会成立以后，一方面加强抗日的宣传，组织发动群众，另一方面积极开展抗日斗争，在冀东各地开展游击小组活动，打特务，除汉奸，搜集枪支，为起义作准备。李运昌在冀东各地组织了一大批抗日骨干，迁安、遵化、蓟县、丰润北部和南部、滦县、乐亭等县委，玉田、昌黎两个特支先后组织起武装自卫会1.5万余人。经过近一年的多方准备，人们的抗战热情很高，起义条件已臻成熟，中共河北省委为了加强起义的统一领导，准备发动全冀东起义。

冀东党组织将起义计划上报中央北方局并得到批准。为策应起义，根据八路军总部指示，晋察冀军区邓华支队与一二〇师宋支队合编为八路军第四纵队，从平西出发向冀东挺进。1938年6月，由李运昌主持，在丰润县田家湾子村召开了起义前军事会议，会议通

部队退到平西后，留在冀东坚持抗战的八路军战士在野炊做饭

过了冀东抗日联军行动纲领，推选高志远任抗联司令，李运昌和洪麟阁任副司令。会议决定于1938年7月16日起义。

然而，四纵队的快速东进，引起华北敌伪恐慌不安，敌人不仅紧急调动冀东各县民团5 000人赶到长城一线阻截，而且还派出大量特务，采取恐吓瓦解、打击暗杀等手段来破坏起义。一系列迹象表明，起义的消息已经暴露，敌人将准备全力镇压。形势紧迫，情况危急，李运昌等人果断决定：起义提前举行，轰轰烈烈的冀东抗日大暴动开始了。

一时间，在这个地区的武装起义，如山洪爆发，一拥而出。7月6日滦县港北村起义，7日迁安县岩口起义，8日安各庄起义，10日丰润南部起义……

在短短十多天时间里，冀东滦县、丰润、玉田、迁安、乐亭、昌黎、遵化、蓟县等20多县和唐山矿区爆发了大小上百次武装起义，参加起义的工人、农民和各阶层群众达20万人。抗日联军发展到7万余人，其他抗日武装近3万人，并一度攻克9座县城和很多重要集镇，控制了冀东的广大农村，成为当时震动全国的大事件。这次起义虽然很快被日本侵略军镇压下去，但它为后来创建冀热辽抗日根据地奠定了基础，在抗日战争史上留下了光荣的一页。

（郝雪廷）

滕杨方案

步入八路军太行纪念馆主题展览抗战史陈列馆，有这样一幅图片——八路军总部首长制定的《滕杨方案》。这是1944年4月八路军总部出台的一个文件，它的全名为《滕参谋长杨副参谋长手订总部伙食单位生产节约方案》，简称《滕杨方案》。

说起这个著名方案的形成，我们要从根据地经济遇到极大困难说起。进入40年代，日寇对根据地的“扫荡”日益频繁，国民党顽固派也对根据地经济进行封锁和破坏，再加上华北地区连续遭受严重旱灾和蝗灾，根据地财政经济陷入极端困难境地。北方局向各根据地党政军民发出紧急号召：“为着救灾，为着生产，为着坚持根据地而奋斗。”八路军总部发出发展生产节约的动员令，作出减少部队粮食供应量，停发菜金和办公费的决定。后勤部全力以赴领导组织部队生产节约运动，杨立三还为总部伙食单位制定了一份“糠菜食谱”：早餐吃八两米、四两树叶，晚餐七两米、六两菜和两钱油、两钱盐。这就是总部机关的两餐十六两制食谱。谁会想到每天在前线抗击日寇“扫荡”的八路军过的却是这样的生活？而且官兵一致，总部领导也不例外。

滕杨方案的制定者滕代远

为了确保上述糠菜伙食不断顿，

滕杨方案的制定者杨立三

杨立三要求，趁眼下树叶未落和不甚老之际，本部全体工作人员、战斗人员均停止一星期工作和学习，专门从事摘采树叶。

为了尽快改善这种困难局面，北方局代理书记邓小平与滕代远、杨立三进行了认真的研究，并做出决定，为了最大限度调动每个人的积极性，积极支持个人生产，奖勤罚懒，杨立三先在后勤部作了试验，将收入的一部分奖给个人，并允许个人喂养鸡兔、养蚕养蜂，收入归己。通过这样给予个人奖励的方式，生产收入、生产节约的成效有了明显提高，后勤部的供给也比别的单位好了许多，有人甚至有了两三千元的银行存款。

这样一来，围绕个人应否有积蓄这个问题，沸沸扬扬的议论出来了。有人说，“允许私有是有害于共产主义思想和纯洁的。”也有人说，“多给公家争取一点，比少一点要好。”还有人说，“奖励私人积蓄是‘经济主义’、‘富农思想’。”

各种观点都有，究竟这种方式有害于生产还是有益生产？邓小平同志果断作出决定，如果听凭这种议论发展，势必要挫伤劳动者的生产积极性，给轰轰烈烈开展起来的生产节约运动带来负面影响。

新華日報

《新华日报》公布的滕杨方案

毛泽东早在1942年12月的《抗日时期的经济问题与财政问题》的讲话中，就提出了“发展经济，保障供给”和在处理公私关系中要贯彻“公私兼顾”原则的方针。根据

滕杨方案颁布，战士们的生产积极性大大提高

毛泽东“为鼓励各部分生产人员与工作人员的积极性起见，应允许从他们的生产结果中支出相当部分去改善他们的生活”的指示精神，邓小平非常赞成杨立三搞的这种尝试，并希望他能与滕代远同志认真总结经验，把这样的生产奖励形式形成一种制度，并与滕、杨共同制定了部队从事生产、运输、经商的办法和分配、鼓励原则，并制定“奖勤罚懒”规定的意见，他说：“必须建立赏罚制度，个人生产模范、劳动英雄给予100元到200元的奖金。有些同志说，这是否过高了？我说不高。这是由于其劳动所得的，又不是贪污所得，是应该的。对于懒惰不积极的，要给予处分。”小平同志的倡议在《新华日报》刊登以后，在部队中反响极大。

根据“奖勤罚懒”的精神，杨立三同后勤部副部长周文龙一起总结了后勤部门生产节约运动的经验，拟定了一个“总部伙食单位生产节约方案”。之后，与前方总部参谋长滕代远进行了认真的研究与修订，最后在部队公布执行，这就是1944年4月1日出台公布的《滕杨方案》。

在《滕杨方案》的推动下，从八路军总部到各军区、各旅，从中共中央北方局到地方各级党组织，所有能参加生产劳动的人员，不论职务高低，都按《滕杨方案》的要求规定了生产任务，订出了节约计划，极大地推动了边区人民的生产救灾和对敌斗争工作，从而奠定战胜敌人的物质基础。

（董海清）

革命熔炉

我刚参加工作不久，就接待了一批特殊的观众，他们当中大多数都是年过七旬的老人。当我讲到抗大的时候，他们就不约而同的唱起了“黄河之滨集合着一群中华民族优秀的子孙，人类解放救国的责任全靠我们自己来担承。同学们努力学习‘团结、紧张、严肃、活泼’我们的作风，同学们积极工作、艰苦奋斗英勇牺牲……”原来他们其中两位是抗大第六分校的学员，这次专程回到武乡，是为了缅怀这片他们曾经学习和战斗过的热土。其中一位给我深情地讲诉了抗大在武乡的艰苦成长历程。

1937年8月，红军改编为八路军以后，“中国人民抗日红军大学”也随之改编为“中国人民抗日军事政治大学”简称为“抗大”。为了培养更多的军事干部和就近吸收知识青年，中共中央和中央军委决定让抗大开赴华北在敌后办学。1940年2月，抗大总校由晋察冀军区组成的南下支队护送，长途跋涉抵达武乡县蟠龙地区，并在此招收新学员，1940年4月15日抗大第六期在蟠龙镇开学，这是总校到敌后开办的第一期。

抗日军政大学在武乡蟠龙镇旧址

抗大迁到武乡后，

抗日军政大学学员在露天课堂学习

教学与部队、教学与实践结合的更加紧密，使整个教学增添了活力。当时针对敌后办学常遇敌情、流动性大等特点，加上晋冀豫区是华北抗战的中心，驻扎了许多高级指挥机关，武乡很难负担这么多部队的供给，特别是敌人常常来“扫荡”，因而使抗大在生活中遇到极大的困难。

为了解决粮食困难，抗大经常组织学员从武乡蟠龙镇一带翻山越岭，穿过二三百里的崎岖山道，通过敌人的封锁线到平顺、昔阳等游击区去背粮。出发时，每人要背上背包、带上几天的口粮在路上吃。到目的地后，由于粮袋少，就用裤管装粮食，用双肩来背负“粮袋”。当时根据年龄大小和体质强弱的不同，年轻力壮的同志一次可背七八十斤，年老体弱的同志只能背四五十斤。往返一次约需十来天时间，返回的途中要吃掉一部分粮食，回来后，要分一部分给病号和留守的同志，很快就所剩无几了，休息几天就又开始新一轮的背粮运动，这样大部分时间都是消耗在路途中。

背回来的粮食大部分都是作马料的黑豆和高粱，只有少量的小米留给重病号吃，当时石磨少，不能磨成面，只能用石碾压一压，由于这些粮食难以消化很多同志都闹上了胃病。又因为体力消耗大，缺乏营养，患夜盲症的很多，夜行军十分困难。加之疟疾流行，有的还并发痢疾，再加上敌人的严密封锁，药物无法保障，患病的同志越来

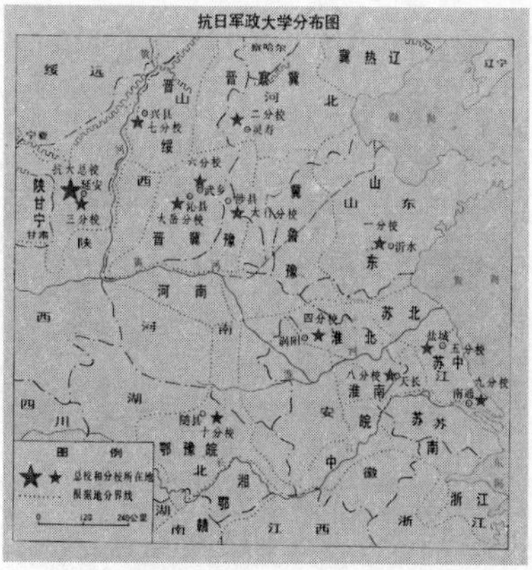

抗大设立的各分校分布图

观众参观抗日军政大学纪念馆

越多。同志们不顾身体的不适，仍坚持背粮，不少人实在挺不住时才休息一下，病情稍有好转又去背粮，有的同志为此牺牲在背粮的路上。有一位学员患疟疾好几个月，身体非常虚弱，同志们劝他在家养病，他却不肯，忍着病痛，仍坚持背粮，他说："强壮的身体是锻炼出来的，我们只要多运动就一定能把病魔赶跑"。在一次背粮中，由于病痛的折磨，牺牲在返回的途中，长眠于太行山上。

由于敌人频繁"扫荡"，抗大的生活异常困苦，为了保证学习，在背粮过程中，每个学员都在背包上挂张"学习牌"，写上生字、生词和算术题，让身后的学员边走边读边练习演算，既学习文化，又提高情绪、减少疲劳。在这种特殊情况下，抗大采取"认字就在背包上，写字就在大地上，课堂就在大路上，桌子就在膝盖上"这种独特的教学方式，使学习与背粮两不误。在行军背粮途中虽然大家负荷很重，累得满身大汗，但通过唱革命歌曲、讲故事，使大家精神振奋，充满了革命的乐观主义精神。

在抗日战争时期，抗大是中国共产党领导下的人民军队的最高军事学府。抗大在艰苦卓绝的战争环境中，在全国各地开办了12所分校，共培养了10多万名德才兼备的军政干部，这一大批党员，后来成为我军优秀的指挥员。抗大为抗日军队的发展壮大和军政素质的提高，对坚持持久作战、争取抗日战争的最后胜利作出了重大的贡献。

（白　鸽）

小东岭，国共合作的典范

在八路军太行纪念馆的"抗战史陈列"中有这样一幅人物合影照片，照片上除了朱德总司令、彭德怀副总司令之外，令人惊讶的还有几位国民党将领。这几位国民党将领，其实是来参加由八路军组织的沁县小东岭东路军将领会议，双方共同商讨抗击华北日本侵略者。

在本次会议召开之前，华北战场情况已经十分危急了。自从1937年11月太原沦陷之后，日本侵略者就先后侵占侯马、临汾，攻陷风陵渡，一路南下。为反攻太原，阎锡山第二战区在临汾土门镇召开会议，共同制定作战计划，计划决定：组成东路军为右翼集团，由朱德任总司令，彭德怀副之，指挥八路军第一一五师、第一二九师和国民党第九十五师等部向榆次、娘子关一线出击；南路军为中央集团，由国民党第三、第十四、第十五军等部组成，向平遥、介休一线出击；西路军为左翼集团，由国民党第三十五军、第七十一师、八路军第一二〇师等部组成，向文水、交城、阳曲一线出击。于是，阎锡山将在晋东一带的国民党第三军、第十七军、

参加东路军将领会议的国共两党部分高级领导合影

朱德总司令在小东岭的住所

第四十七军、第十四军、第九十四师、第十七师、骑四师、第五二九旅等部队，以及决死第一、三纵队交给朱德指挥。

1938年3月24日，为了集中统一指挥东路军各部队的团结抗战，朱总司令、彭副总司令在沁县小东岭召开了著名的东路军将领会议。来自国共两党的各路高级将领汇聚在这个太行、太岳相间的小山村，共产党方面有朱德、彭德怀、左权、刘伯承、薄一波等；国民党将领有武士敏、曾万钟、冯钦哉、李默庵、李家钰、高桂滋、朱怀冰等。

在军事会议开始之前，朱总司令向参会的各位将领，做了对未来坚持抗战的意义和方向的分析。他指出抗战初期战事失败是因为没有抗日民主，没有发动群众，没有搞好军民关系，单纯地依靠军队抵抗是打不好的。要夺取抗战胜利，必须坚持敌后抗日游击战争的战略战术，必须依靠人民群众建立巩固的抗日民主根据地。为此，他继续号召国民党将领坚持抗战，“作为一个真正的中国人，就要为国家的独立和民族的解放，作出自己最大的贡献，哪怕流尽最后一滴血……”彭副总司令和左权副总参谋长在会场上也做了热情洋溢的发言，这些讲话饱含着民族义愤、充满了必胜信念，与会国民党将领听到后都为之而感动，提升了坚持抗战的信心和决心，感到作为一个中国军人应肩负的抗日救国的重任。

在会议期间，每天晚上总部首长都抓住时机与友军将领认真地攀谈，争取相互合作共同抗战，在简陋的小土楼里，在摇曳的灯光下，他们推心置腹，坦诚相见，彻夜交谈。正是通过这样的交流，友军将领与八路军建立了密切的联系，特别是早年追随孙中山、在西安事变中又积极支持张、杨义举的一六九师师长武士敏，他积极抗日，勇敢果断，但部队旧习气很重，军民关系不好，友军关系紧张，使他十分苦恼，老百姓把他的部队叫作“一路狗屎”（一六九师谐音）。前几天还发生了把机枪架在决死队门前的事件，正是朱总司令口授良机才使这次冲突化干戈为玉帛。朱德、彭德怀与其倾吐心曲，长谈竟夕。此后，武士敏学习八路军的经验，与八路军亲密合作，部队改观，一直坚持在中条山抗日，直至1941年5月在对日作战中壮烈殉国。

八路军总司令部在小东岭村驻地

八路军总部组织东路军将领前往观战并取得重大胜利的响堂铺战斗纪念碑

在沁县小东岭东路军将领会议上，大家集中讨论部署了伏击日军“九路围攻”晋东南的作战计划，与会国民党将领一致表示，要在朱德、彭德怀的指挥下，坚决“扫灭倭寇，还我河山”。1938年4月，在八路军总部领导下，国共两党官兵同仇敌忾，浴血奋战，取得了晋东南反击日军“九路围攻”的巨大胜利，收复县城19座，歼敌2 000余人，奠定了太行山抗日民主根据地的基础。

小东岭高级将领会议，是中国抗战史上一次极其重要的军事会议，是国共第二次合作的杰作，也是人民革命斗争光辉的一页。这次会议是在中华民族危亡之际，中国共产党倡导下国共两党高级将领统一战线、团结御侮一致对外的会议，它在当时失败阴霾空前浓重的华北大地上树起坚决抗战的旗帜。

（史永平）

南泥湾开荒

在八路军太行纪念馆的展厅内，有这样一个陈列单元，除了有内容丰富的图片、文物资料之外，还专门开辟了一个区域通过仿真场景的设置，真实地再现了当年大生产运动时热火朝天的场面，那就是“南泥湾开荒”。

抗日战争进入相持阶段以后，日军不断对我敌后各根据地进行残酷“扫荡”，国民党也调集几十万军队包围陕甘宁边区，实行严密的军事包围和经济封锁。当时，陕甘宁边区地广人稀，土地贫瘠，仅有140万群众，却要担负起几万干部、战士和学生的吃穿用，由于敌人封锁，外面的物资无法运进，延安迎来了八年抗战中最为

八路军太行纪念馆南泥湾景观

三五九旅战士们在南泥湾挖窑洞

艰苦的岁月。

1940年5月，朱德总司令从太行抗日前线回到延安后，除参与指导抗日战争外，还抽出时间指导边区经济建设。他与董必武、徐特立、张鼎丞、王首道等到延安西川视察，路过南泥湾，看到南泥湾这块地方有着肥沃的土地，马上想到我们为什么不能将这里开垦出来呢？于是他提出了“军垦屯田政策”，并将考察情况向毛主席作了汇报，提议由王震旅长率领三五九旅屯垦南泥湾。

1941年春，三五九旅浩浩荡荡开进南泥湾。

刚到南泥湾时，那里方圆几十里内渺无人烟，深山老林树木参天、荆棘丛生、野兽群游，生活条件、生产条件都非常艰苦。部队没有房子住，没有粮食和蔬菜吃，开荒生产又没有生产工具、种子和耕畜，面临着许多困难。但这并没有吓倒顽强的战士们，他们高唱着“一把镢头一支枪，生产建设保卫党中央”的战歌，开始了生产运动。

这期间，朱总司令数次来到南泥湾。他在接见部队时大讲屯田政策的重大意义。他说：“蒋介石把胡宗南的兵力部署在陕甘宁边区周围，枪口对着我们。不仅不发给我们经费，还对我们实行经济封锁，企图把我们困死、饿死在边区。我们红军、八路军从来没有向困难低头。去年我们一面防守，一面生产，今年更要大开荒，大规模搞农业生产。要求你们今年粮食自给自足，明年耕二余一，向边区政府交公粮。我们自己动手，丰衣足食。”

朱德在贺龙、王震等陪同下视察南泥湾

朱总司令的讲话大大鼓舞了战士们，大家决心克服困难，一定要在南泥湾作出成绩。没有房子住，为了不误农时，抓紧时间开荒，战士们先用砍来的树枝搭起草棚。草棚漏风、漏雨、漏光，战士们把它称为“三漏”茅屋，不久后，王震决定，抽出一部分人员突击打窑洞，解决了住的问题。

按照王震旅长的要求：凡是出现困难的地方，干部一定要走在最前面。在开荒生产中，各级指挥员都身先士卒，从旅长到排长全都战斗在第一线，担负着和战士一样的生产任务。王震旅长更是以身作则，经常挤出时间参加劳动，一有空就到山上与部队一起挥锄开荒。

辛勤的劳动换来了连年的丰收。他们边开荒边种地，从1941年头一年开荒，就收细粮1 200石，蔬菜824万公斤，平均百人养猪20头，粮食基本自给。第二年，开荒地多了，粮食也收获的多了，粮食、蔬菜、肉食、油以及鞋袜全部自给。战士伙食大为改善，每人每月吃2斤肉，会餐还能吃到鸡鸭、大米、白面，干部、战士都住进了平整光洁、舒适宽敞的窑洞。不仅三五九旅完全做到自给自足，而且也供给了边区军政干部的生活，成为边区和八路军大生产运动的榜样。

为了扩大生产，三五九旅在以农业生产为主的同时，还办起了

今日南泥湾

纺织厂、被服厂、造纸厂、化工厂、制鞋厂等，产品除供部队所需外，有的产品还可向社会销售。由于产品种类多，质量好，受到边区广大群众的好评。

1943年9月16日，毛泽东主席亲临南泥湾，在王震旅长陪同下视察了部队。毛主席听三五九旅领导汇报部队的生产情况后高兴地说："国民党想要困死我们、饿死我们，他们越困，我们越胖了。看，困得同志们把'柳拐病'都消灭了。"

到1944年，三五九旅共开荒种地达26万亩，收获粮食3.7万石，养猪5 624头，上缴公粮1万石，达到了"耕一余一"。广大官兵硬是用自己的双手和汗水，将荒无人烟的南泥湾变成了陕北江南。

（李国伟）

狼牙山五壮士

在八路军太行纪念馆展厅里，有一座真人比例大小的铜质群雕。群雕主体是五位八路军战士，他们衣着褴褛，手握武器，眼神中充满了对敌人的仇恨，这就是狼牙山五壮士雕像。

关于狼牙山五壮士的故事，那要从华北敌后反扫荡战斗说起。1941年9月23日，日军分三路向易县进发，妄图包围晋察冀一分区领导机关。24日，3 500名日伪军突然包围了狼牙山地区，将分区一团以及周围人民群众共2 000多人围住，形势十分严峻。为解救游击队员与当地百姓，邱蔚团长根据此作战方案，将掩护部

八路军太行纪念馆的狼山牙五壮士雕像

这就是著名的狼牙山

队转移的任务交给一团七连的两个班。

邱蔚团长说:“这么多人的队伍能否脱险,全靠你们了。你们必须在明天中午12点以前,把敌人紧紧地拖住,不让他们越过棋盘陀。希望你们利用狼牙山的有利地形,以一当十,以一当百,一定要拖住敌人,保证部队和民众突围脱险。”

连长作了安排,留下六班负责掩护,他带二班去了另一个阵地。主力撤走了,黑夜的棋盘陀上只剩下六班的五名战士,他们是班长马宝玉,副班长葛振林,战士胡德林、胡福才和宋学义。

天色暗了下来,六班战士在月色下做着战斗准备,他们把留下的几箱手榴弹一束一束地捆在了一起,埋在山腰上。第二天清晨,日伪军以为一团已经被包围,在飞机、大炮的掩护下,500多日伪军凶猛地向狼牙山方向攻来。不一会儿,上山的敌人踩响了埋下的手榴弹,随着几声巨响,一些鬼子被炸得飞上了天。硝烟散尽,鬼子又爬上山来。离阵地只有二三十米了,马宝玉一声雷吼:“打!”手榴弹一齐朝敌群投过去,炸得敌人东倒西歪。敌人的第一次冲锋打退了。

几个战士心里高兴,敌人彻底被吸引住了,这样大部队就可以脱险了。“还得把敌人往山上引。”马宝玉命令大家先分散,用冷枪吸引敌人。敌人不了解山上的情况,不敢大部队往山上冲,只是一会炮轰,一会扫射,再派小股部队往山上冲来。战士们守住要道,敌人冲上来,就被战士们打了下去,几个战士的枪法还真准,一枪一个,一颗子弹也不落空。

几个战士的干粮袋已经空了，肚子饿得直叫唤，山上又没水，眼看已到中午了，敌人还是没有攻上棋盘陀，在通往棋盘陀的路上，日军已丢下了一具具尸体。战士们的任务已经完成，在中午12点以前，他们拖住了敌人，现在，他们可以去找大部队了。站在通往大部队转移的路口，马宝玉有些犹豫了。这条道自然很安全，但敌人见他们从这条路走，如果发兵追赶怎么办？这样会使大部队陷入敌人的追击之中。在他眼前还有一条道，这条路通往狼牙山的峰顶，路的尽头是悬崖峭壁。

鬼子又一次发起进攻。为了大部队安全脱险，马宝玉果断提出继续上山决定，于是带着敌人向山顶爬去。果然鬼子中了计，跟着来到悬崖峭壁上，有的被战士们一枪射过去，送了命，有的踩落岩石滑下了山崖。可是敌人已经把他们包围在山顶，敌人还在往上爬，而背后是万丈深渊。马宝玉瞄准敌人一扣扳机，枪里已没有子弹了，葛振林也对准敌人击发，也是空枪。敌人还在往上逼近，葛振林急中生智，抱起一块大石头向敌人扔了过去，石头翻滚着冲向敌群，砸得一个鬼子呼地一声就下了山崖。“用石头砸！”葛振林喊着，战士们都抱起了石头往敌群抛过去。敌人被石头砸得鬼哭狼嚎，摔下了山崖。

鬼子见战士们不开枪，知道他们是没有子弹了，又疯狂地冲了上来。六班的战士们再也没有了武器，石头也没有能搬动的了。这时，马宝玉和葛振林商量一下，就蹲下身，拿出一个小本子放在膝盖上写了起来。写好后，几个人围在了一起，马宝玉说：“同志们，我和葛振林同志都是共产党员。以前，我和葛振林同志对你们几个的照

狼牙山五壮士幸存者葛振林(右)和宋学义(左)

狼牙山五壮士幸存者葛振林（中）在北京军区某部为官兵讲革命传统

顾都不够，这次战斗证明你们已具备了一个共产党员的要求。今天，我们都要牺牲了。将来，如果战友们能找到我们，他们会在我的衣袋里，找到我们俩介绍你们三位入党的介绍信。现在，我们就以一个共产党员的身份向党表示忠诚吧。”说完，他转身大步走向悬崖，挺起胸膛，纵身跳了下去。

战士们也跟着班长跳下去。

跳下悬崖之后，马宝玉、胡德林、胡福才壮烈牺牲，但葛振林、宋学义被山崖上的树枝挂住，幸免于难。这五名八路军战士的英雄壮举迅速传遍中华大地，被赞誉为“狼牙山五壮士”。

（董海鹏）

小樵义举名震中华

冀中闻名的村镇小樵镇，位于河北晋县城东20华里，如今的这里街面上商事繁忙，人民过着安居乐业的生活。70多年过去了，吕正操当年率部坚决抗战的义举，依然广为流传。

吕正操同志1904年1月生于辽宁省海城县一个贫苦农民家庭，他从小目睹日本军队对家乡的烧杀抢掠，内心充满对侵略者的仇恨。1923年考入东北讲武堂学习，毕业后任东北军连长、营长、少校副官队长，后任一一六师六四七团团长。率部到热河参加对日军作战，他在与东北军中的中共党员接触中，开始接受中国共产党的抗日主张。西安事变期间，吕正操多次和来西安共商国共两党合作大计的中国共产党接触，聆听了周恩来同志的教导，更加深切地体会到中国共产党抗日民族统一战线政策的伟大和正确，更加坚定了对中国共产党的信赖。特别是他和共产党人、中共北方局五十三军工委成员孙志远，保持着密切的接触。1937年2月初，中共北方局派李晓初来六四七团任中共总支书记，随后，党的组织在六四七团逐步健全起来。李晓初又代表中共组织，郑重其事地正式通知吕正操："北方局已经批准你参加共产党。"这时，东

吕正操在冀中与老乡亲切交谈

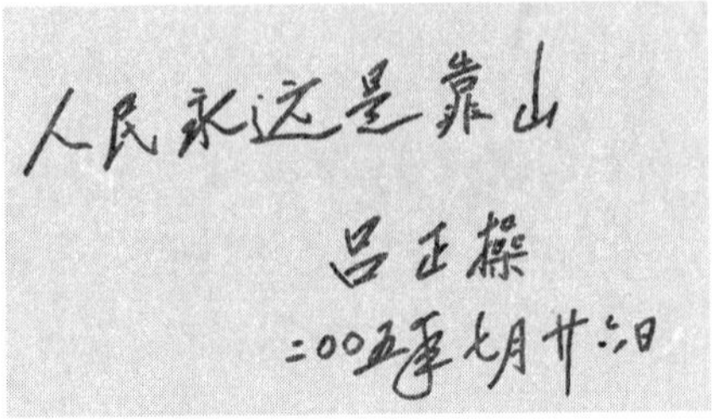

吕正操将军亲笔题词向冀中父老问候

北军五十三军军长万福麟等人正在加紧打击军队中的进步力量。由于六四七团内党的工作迅速发展，引起了万福麟等人的注意，于是趁蒋介石缩编东北军的机会，把六四七团拆散，吕正操的一个营，要与一一九师六五四团的两个营合编为一三师六九一团，并由他出任这个新编的六九一团的团长。为了抗日大局，吕正操坚决拥护中共北方局的指示，服从了改编。

卢沟桥事变爆发后，日军先后侵占了北平、天津、上海、南京等地。吕正操遵照共产党北方局指示，由石家庄挥师北上，与地方党组织一起开展敌后游击战争。1937年10月初传来消息日本人占领了保定，国民党五十三军在梅花镇刚和日军接火，主力便向南逃跑，而且还下令六九一团作为全军的掩护部队随军撤退。六九一团先头部队进抵束鹿县半壁店后与日军骑兵队遭遇，展开激战。毙伤日伪军数人并缴获不少军用品。部队官兵士气大振，当夜进驻梅花镇四德村，不久日军进攻梅花镇，将六九一团第一营团团包围，万福麟并没有怜惜一个营的弟兄，他不仅率五十三军全线撤退，而且以军长、师长、旅长之名义，先后来电命令吕正操丢掉一营，带剩余部队追赶他们。

将自己部下的生命视为儿戏，在这样的紧急关头，万军长不仅不出手相救，反而数次电催丢弃一营。吕正操接到电报后非常气愤，他望着国民党大军撤退的方向，感觉周围异常安静。他焦急地走来走去，心中似乎燃起了一团烈火，心想被困的战士正处于危难之中，此时该如何是好。

吕正操与团部的人们商量："上面来电命令我们全军撤退，丢掉被围部队，战士们有何感想？"战士们沉思了一会，但终耐不住吐出来他们的不满，"大家平日感情深厚，又怎能丢掉一营！"此时大家只有一个信念，全力救出一营。

吕正操说："可是，如果我们不遵守军令，回救一营，军部将会对我等按军法从事。"

"置弟兄们的生命于不顾，这样的军令还值得我们去尊重、去执行吗？宁愿为救弟兄死，不愿跟随懦夫生。"

此时此刻，吕正操心向民心所向、军心所向，在这样的时刻，正是率部起义的大好时光。这天晚上，六九一团在晋县小樵镇一所小学堂里，吕正操主持了军官和士兵代表会议。在会议上，吕正操提出："今天不是普通的会议，而是商讨决定我们大家的前途命运。时局变化还不到半个月，日军就占领了华北大片土地，这且不说，日寇包围了我们的一个营，而军部则要我们丢弃一营，随军后撤。面对这样的情况我们该怎么办？"

许多人立刻提出："不顾弟兄死活，这样的军部，我们跟他还有意义吗？"

吕正操说："各位，现在我来说说我团目前所遇到的问题：首先，我团脱离了五十三军，那么之前所消耗的弹药就无法补充；二

吕正操率部在小樵镇宣布起义成立八路军第三纵队

冀中军区部队在青纱帐中

是，我团经过几次战斗后实际的编制已经只有半个团。而且为了行军方便，丢弃了大量的重武器。第三，部队缺少军费和粮食，以及药品等等物资。虽然小樵的百姓送来了钱和粮食，但只能多支撑几天而已，所以我们必须尽快作出决定该向哪里发展。"

大家很快达成一致，第一，从现在起，就地脱离五十三军编制，改称"人民自卫军"；第二，人民自卫军编为三个总队，吕正操任司令员；第三，联系一切可以抗日的武装力量，共同抗日。

1937 年10月14日，吕正操率部在小樵镇宣布起义。从此脱离国民党五十三军，改称"人民自卫军"。1938年5月，根据晋察冀军区的命令，人民自卫军与河北游击军等冀中抗日军队统一编为八路军第三纵队，成立了冀中军区，吕正操同志任冀中军区司令员兼八路军第三纵队司令员。

在冀中平原上，共产党领导的又一支抗日武装部队诞生了！

（陈凤娇）

第二次长征

1944年，日军为了挽救其在太平洋战场上的失利，发动了豫湘桂战役，打通平汉线，占领长沙、衡阳等地，国民党军一溃千里。党中央、毛主席审时度势，认为开辟华南根据地、壮大我党我军力量的时机已经成熟，决定由三五九旅主力组成八路军南下支队挺进华南，由王震任司令员、王首道任政治委员。

11月10日，南下支队从延安出发，翻山越岭，风餐露宿，徒步跋涉，于1945年1月中旬，达到了河南省境内的黄河岸边。时值寒冬腊月，呼啸的寒风裹挟着尘沙、枯叶、残渣，翻卷而起，迷蒙着黄河两岸。宽阔奔涌的河水，时而发出沉重的喘息，时而迸出一阵刺耳的咆哮。河边刺骨的寒风，吹起了士兵们单薄的军衣。面对波涛汹涌的黄河水，王震心里十分焦急：过不了河，就完不成党中央、毛主席交给的重任。

忽然，王震望见远处有一位打柴的老人。他忙上前答话："老人家，这条河平时是怎么过的呀？"

南下支队出发前王震司令员陪同毛主席、朱总司令检阅部队

那老人叹了口气说："这儿的船只少，又没桥，这天气，要过河很

南下支队1945年南渡黄河时的留影

不容易的。”

“老人家，天气冷不怕，河水封冻了，不就可以过去吗？”王震试探着。

老人听了直摇头，说：“结冰？我这么大岁数了，还没见过这地方结过能封河过人的冰，能过大部队的冰就更是从未有过啰！”

其实，王震心里明白，冰冻三尺，非一日之寒，要河里结冰，部队踏冰过河，少得了三尺也少不了两尺厚的冰呀。王震在河堤上不知停了多久……

晚餐后，部队领导开了一个讨论会，决定立即加强戒备，天一亮就全体动手制作渡河工具，如果可能，就先派人设法过河，找群众帮忙，过河是刻不容缓的。

夜已很深，寒气像千万根钢针似的直往衣缝里钻，王震怎么也睡不着，便独自顶着寒冷外出活动一下，不知不觉的走到了河堤。他徘徊在河堤上，过河的念头如燃烧的火，灼痛着他的心。不知过了多久，他用手去抹了一把脸，这一摸使他好不惊喜。惊的是他好

南下支队与新四军第五师在湖北大悟山会合

久未刮的胡茬子不知何时结满了冰凌，硬扎扎的；喜的是，这么冷的天气，河水一定会冻结。王震急忙摸向河岸，到了水边，听到脚踏冰响，他心里高兴极了，便试着用脚去踏，一步两步没问题，再往前走，就听到冰层沉闷的破裂声。王震高兴地返身爬上岸，边走边喃喃地说："感谢老天爷下冻了，像这样的速度冻下去，明天一定是好厚的冰，我们的部队不用泅水，就可快速过河，挺进战地。"

王震回到营中已经很晚了，王首道还坐在地图旁画画点点。见到王震走进来，大吃一惊："外面能冻死个人，你出去干啥了？快，快坐下！"王首道一边关切地问着，一边忙叫警卫员赶快弄热水来给王旅长更衣。王震兴奋地讲述了自己在河边试冰的情况，叫大家好好休息，明天踏冰过河。

第二天清早，不少老百姓听说八路军来了，又见黄河神奇般的结成一座冰桥，纷纷来到这里看热闹。王震和王首道等部队领导，也早早地到河边察看，见冰冻把大河牢牢封住了，十分高兴。令人不解的是，这条河南省境内古老而宽阔的河流，怎么只有这一段结有2尺多厚的冰，其他河段仅有薄冰，甚至只有一些零散的冰牙子？

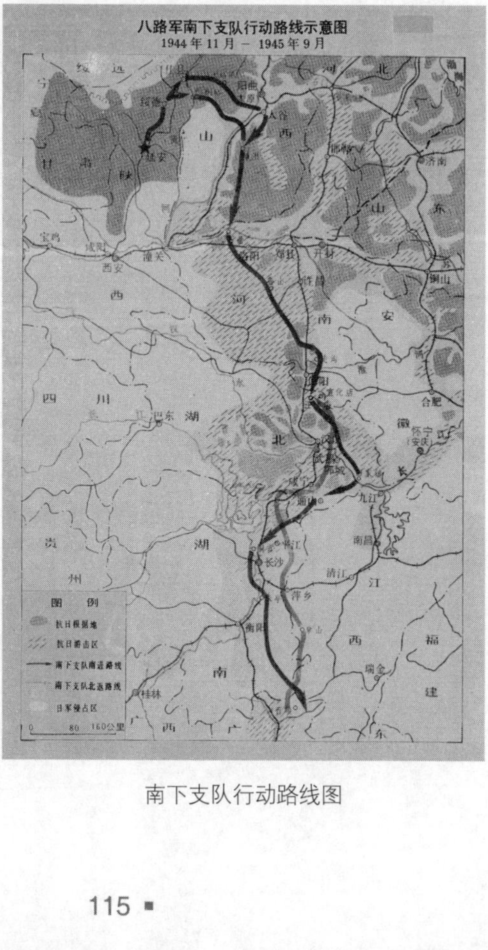

南下支队行动路线图

部队将要起程时，赶来的老百姓越来越多，大河边自动形成了极其热闹的欢送场面。

王震很有兴趣地说:“这真是一个带有传奇色彩的谜呀!”

王恩茂说:“精诚所至,冰自为桥!”

王震说:“杀敌之威,河神敬畏。”

在河边欢送的群众更是议论纷纷:“奇迹呀,前所未有的奇迹!”有人说:“托毛主席的洪福,他的部队要过河,连河神爷都为他搭桥。”

部队起程了,4 000多将士骑马驾骡,扛枪背包,唱着嘹亮的歌声,雄赳赳、气昂昂地踏上了冰桥,浩浩荡荡地跨过了黄河,群众在两岸欢呼、鼓掌,为南下支队踏过神奇的冰桥送行。

南下支队历经千辛万苦,于1945年在湖北大悟山与新四军第五师胜利会师。后又渡过长江,转战于鄂南、湖北和赣西北,并建立了湘鄂赣抗日根据地,在赣南、粤北一带四处出击,打击日伪军,收复失地,同时也遭到了敌人的围追堵截。为顾全大局,维护和平团结,中共中央军委决定南下支队北返。返回延安后,党中央为勇士们举行庆功宴,席间,毛泽东高度评价说:这是我军历史上的第二次长征。

(史红英)

震惊华北的起义

在抗日战争中，我党坚持抗日民族统一战线政策，团结各党派、各阶层的力量，并在对日伪军发动军事攻势的同时，抽调大批得力干部，广泛组织力量，对伪军开展了群众性的政治攻势，通过各种政治宣传，大力开展对敌伪分化、瓦解、策反等工作，争取了大批伪军、伪军组织人员反正投诚。1938年8月31日，以王溥为首的伪警防队三纵队第六区队投奔八路军，成为一次震惊华北的起义。

王溥，16岁考入东北军马占山军官教导班，因学习成绩优异，未毕业就被提任少尉排长。后被送入东北讲武堂学习，毕业后任东北讲武堂少校教官，在东北抗战中，表现得非常英勇。1932年马占山降日后，日伪将其部分散调离，王溥在无奈之下被调到沈阳伪满军官学校任中校教官。不久，马占山再组黑龙江抗日政府，但王溥远离马占山，只能隐忍潜志，等待时机。1936年王溥随日军进关，任驻保定伪警防队三纵队第六区队上校队长。

起义时的王溥将军

王溥虽为伪军官，但他爱护士兵，为人朴实，入关后，虽职务升迁，可他对那种任人摆布的傀儡生活却十分厌恶，精神的痛苦有增无减。每当想到东北的3 000万同胞呻吟在日本侵略者的铁蹄之下，而自己却在助纣为虐，为侵略者卖命，便感到愧对家乡父老，寝食难安。特别是听到中共号召全国人民团结抗日的舆论，更是震动很大，他自愧作为一个中国军人，却在拿起敌人的枪杀害自己同胞，为日寇卖命，这是多么可耻。

1938年初，王溥怀着一种压抑的心情，率一部分伪军首次与八路军遭遇。八路军官兵在战壕里喊话："伪军弟兄们，中国人不打中国人，我们的共同敌人是日本鬼子！"这些话，像针一样刺痛着王溥的心：作为中国人不打日寇，反而做其帮凶，还算什么中国人呢？于是，他下达了不许开枪的命令。这一异常举动，立刻引起八路军领导的注意，于是主动撤围。

战斗结束后，我地下党组织派人与王溥进行了秘密接触，晋察冀军区敌工部部长厉男也亲自和王溥会面，讲明党的抗日主张和统战政策，厉男的话语激发了王溥内心的爱国之情，他决心接受中国共产党的领导，等待时机弃暗投明，举行武装起义。

王溥为了酝酿起义，多次与下属联络，取得骨干力量的支持，等待时机成熟。1938年8月31日，日本顾问回北平，当晚，王溥召开所在区队副大队长以上军官会议，讲明抗日救国的道理，当场宣布起义计划，得到大多数军官的积极响应。大家讨论决定趁天黑下雨，悄悄将各自的队伍拉出，午夜时分，王溥下令部队集合，带上所有武器弹药，冒雨向河北唐县进发，在蒙蒙细雨中，王溥毅然高举义旗反戈抗日，投入到抗日的洪流之中。

李英儒以王溥为生活原型的小说《野火春风斗古城》

王溥在敌人心脏起义，震动了整个华北，对侵略军是一个沉重打击，王溥起义部队被命名为晋察冀军区游击军，

晋察冀军区游击军与参战民众在百团大战中

王溥任司令员。1939年，王溥加入中国共产党。在百团大战中，王溥奉命率军破坏平汉路新乐至望都方顺桥段，全长70余公里的铁路线。游击军在河北曲阳被日军包围，经激战，警卫连只剩下王溥和12名战士，机枪手不幸牺牲。王溥接过机枪向敌人扫射，王溥的手枪里只剩三发子弹，向敌人射出两发后，把最后一发留给了自己，壮烈殉国。

晋察冀军区司令员聂荣臻曾评价王溥："高举义旗，反戈抗日，回到祖国战场上来为保卫边区而不断奋斗，流尽了最后一滴血……"

曾任晋察冀独立团团长的作家李英儒，曾在著名小说《野火春风斗古城》中，以王溥的经历为原型，描写了伪团长关敬陶起义，与古城的地下工作者组成坚强抗日堡垒的故事。这个故事通过文艺作品的形式，至今仍然广为传诵。

（张　宇）

八路軍太行紀念館

第四部分

烈士碧血

太行浩气传千古

太行山上有个左权县，原本叫辽县，在抗日战争中，一位名叫左权的八路军将领牺牲在这里，为了纪念这位将军，当地万余群众一致请求，晋冀鲁豫边区政府批准，改名左权县。

那是1942年5月，日本侵略者纠集了3万重兵，以消灭我八路军高级领导机关为目的，对太行区进行“铁壁合围”。此时，我总部机关的处境非常危险，敌三万之众，而我总部身边却只有两个警卫连，剩下的是庞大的总直机关人员。

23日夜，彭德怀、左权等首长研究组织突围。开完会，夜已经很深了，左参谋长坐在油灯下，不禁想起了远在延安的贤妻爱女，似乎有很多话要对她们说，便拂纸提笔给刘志兰写信：“志兰，就江明同志回延安，再带给你几个字，我担心着你及北北，你入学后望能好好的恢复身体，有暇时多去看看北北。想来她长得更高了，也该会叫爸爸了。在闲游与独坐中，有时总仿佛我们一家人在一块玩着，北北非常调皮，一时在地下，一时爬到妈妈怀里闹个不休，真是快乐。可是为了民族的独立，我们一家三口分了三个地方，让我们

左权将军唯一的一张全家福

左权将军殉难处的烈士纪念亭

用共同的进步，来酬报别后衷情吧……”这是一封长信，也是左权给刘志兰的最后一封信。

从这份信可以看出，左权将军的思想深处，也是一个深懂亲情、爱情、儿女情长的男子，本来他也可以与百姓们一样，卿卿我我，长相厮守，与妻子女儿共享天伦之乐。然而，作为一位军人，一位充满爱国正气的八路军将领，在国家遭受帝国主义铁蹄蹂躏的时刻，在民族面临生死存亡的紧急关头，投身于挽救民族危亡的抗战之中，他别无选择。

24日傍晚，乌云滚滚，天昏地暗，我总部机关踏上了突围的道路，3 000多人的总直机关加上骡马辎重的拥挤，山路崎岖，羊肠蜿蜒，整整一夜才走出十几公里。25日凌晨，一架架敌机掠过队伍上空轮番轰炸，这样大部队转移目标太大，副总司令彭德怀决定分路突

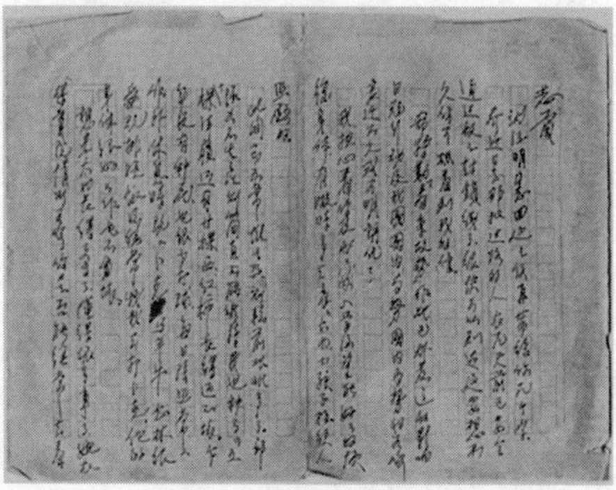

左权写给刘志兰的信

围，由左权、罗瑞卿、杨立三分带司令部、北方局、野政及后勤机关转移，由他自己亲率警卫连阻击敌人。左权一听便上前请示：“军中不可一日无将，还是我留下来指挥阻击敌人。”

此时此刻，突出去就意味着生的希望，留下来就有死的危险。在这生死攸关的时刻，两位将军都在把生路让给对方，危险留给自己。彭总的马连马鞍都没有上，他根本就没想过要先走，左权觉得已经再没有说服彭总的时间了，他果断地一把将彭总扶上马，回手两鞭子抽在马背上，那匹马箭一样冲了出去，就这样总直机关分路行动了。

战场上硝烟弥漫，尘土蔽日，面对强大的敌人，我英勇的警卫连强占制高点，一次次击退了日伪的疯狂进攻，中午时分，山里突围的人群被敌机搅的乱作一团。左参谋长鼓励战士们：“冲出山口就是胜利，太行山压顶也不弯腰！”太阳偏西，我八路军总部机关终于跳出敌人的重兵合围，但是，就在这几千人转危为安的时刻，敌人又一次的轰炸开始了，炸弹呼啸着向山头劈来，疲惫不堪的左参谋长用沙哑的声音向大家高喊：“同志们，快卧倒！”大家都卧倒了，而他却被一颗炸弹击中了头部，倒在血泊之中……

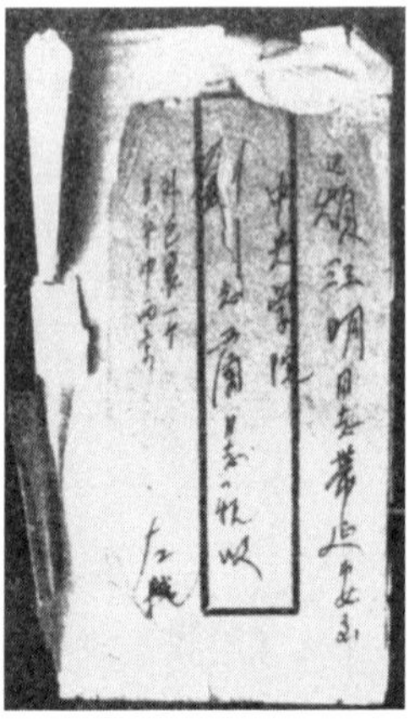

左权托江明同志带回延安的最后一封家书

左权将军，21岁黄埔军校毕业，25岁苏联伏龙芝军事学院学成回国，27岁任军长，抗战时期，他被任命为八路军副参谋长兼前总参谋长，在近五年的抗战中立下了汗马功劳。然而这样一位英勇善战的将军，却不幸中了敌人罪恶的炸弹。

噩耗传到延安，朱总司令派人把刘志兰接到办公室，总司令看到左权27岁的妻子，想起他两岁的女儿，含泪挥毫写下了一首挽诗：

名将以身殉国家，愿拼热血卫吾华。

太行浩气传千古，留得清漳吐血花。

左权将军公葬暨辽县易名左权县大会现场

刘志兰手捧朱总的挽诗，紧紧抱着年幼的女儿，悲痛欲绝，笔蘸血泪，写下《为了永恒的记忆——写给权》："前几天，隐隐约约传来你遇难的消息，我不相信，但是一种悲愤和困惑的心情，一直困扰着我，我想，我愿意用我二十年的生命去换取你的生存。哪怕是你带着残缺不全的肢体归来，我都会全身心地照顾你，以你的残缺为我的光荣。然而今天连这一点也做不到了，你深爱着北北，你希望她知道爸爸在遥远的华北与敌搏斗，你愿她健康，可爱，这些她都能做到，悲惨的是你永远离开了我们，她幼小的心灵中怎能体会到失去爸爸的悲哀呢?……我一定要抚养她长大成人，要使她时刻记忆着爸爸是血战捐躯的抗日英雄，愤恨填膺，血泪合流，我不仅为你流尽伤心的泪，也将为你流尽复仇的血，有一丝的软弱都不配做你的妻子……"

虽然70多年过去了，但太行山不会忘记，中国人民不会忘记，左权这位为国捐躯的名将。

（郝雪廷）

抗日名将叶成焕

1988年9月，八路军太行纪念馆开馆不久，曾接待了一位特殊的观众，那是一位年过七旬的老八路，他刚走进展厅，便急切地呼唤着：“叶团长，我来看你来啦！我的团长在哪儿？同志们，请帮我找找叶团长吧！”老人嘶哑的声音，悲泣的泪水，使在场的观众和工作人员无不为之动容。在烈士遗像前，老八路泣不成声地讲述了叶成焕团长的事迹。

叶成焕出身于河南光山县，1929年加入中国共产党，1930年参加红军。他凭着对革命的无限忠诚，刻苦学习，不断进取，由一名普通战士逐渐成长为一名出色的军事指挥员。1938年春，抗日烽火燃遍太行，在遭受我一二九师神头岭、响堂铺等战斗的打击后，穷凶极恶的日寇纠集3万兵力分九路向太行区进行围剿。日军所到之处，烧杀掳掠、无恶不作，滔天罪行令人发指。敌人的凶残摧不垮我抗日军民的意志，更加激起我八路军全体将士保卫太行，捍卫民族尊严的复仇火焰。我八路军在武乡一带集结，准备打击入侵之敌。战前叶成焕团长正患着肺病，多次吐血，陈赓旅长对他的病情非常关切，劝他说：“成焕啊，你病成这样子，这次战斗就不要参加了，现在就派人送你到后方治病去。”叶成焕一听

叶成焕烈士遗像

急了，执着地说："没事，我已经习惯了，还是让我打了这一仗再说吧！"陈赓旅长见他态度坚决，只好由他去了，战士们得知叶团长带病指挥作战，更加鼓舞了他们的斗志。

叶成焕团长从长征路上穿过来的草鞋

4月15日，侵入武乡的敌精锐部队一〇八师团，对县城残酷烧杀后，沿浊漳河东窜，刘伯承师长当即命令七七二团、七七一团和六八九团沿浊漳河两岸山地平行追击。16日晨，武乡长乐滩附近的山路上车尘滚滚，人喊马嘶，全副武装的日军辎重部队正旁若无人地向东行进。看到敌人已基本进入我军包围圈，叶团长果断地摇响了师部的电话："师长，下命令吧，不然到口的肥肉就跑了。""好，打吧！"对面传来刘师长的回话。听到命令，我军立即开火，顷刻间，机枪、炮弹、手榴弹急风爆雨般飞向敌群，战士们的喊杀声，刺刀碰撞声震天动地。战斗进行到下午5时，山崖被炮火烧红了，长乐滩上尸横遍野，血流成河，敌人丢下的武器辎重堆积如山。"痛快！太痛快了！"叶成焕团长望着眼前的情景，脸上露出少有的微笑。这时通讯员报告："团长，师长来电话，三千多敌兵赶来增援，命令我团立即撤离战斗"。"什么？你再说一遍！"似乎没有听清通讯员的报告，叶成焕又大声地问。军令如山，撤离战斗是必须执行了。

叶成焕团长指挥战斗的地方

敌人的援兵已一步一步地逼近了， 叶团长看见战场上到处是敌人的枪支弹药，想到这批武器能装备我们多少兵力啊！他忘记了生死，仍站在山坡上，用望远镜观察着敌人的动态，考虑有没有可能消

长乐战斗烈士名录

灭来援之敌，尽快打扫战场夺取武器。

“团长，危险，赶快撤吧！”通讯员提醒他。

“团长，跟我们一块走吧！”走在队伍最后的八连连长尤太忠也过来说。

“你们先走，我随后就下去。”他仍然站着没有动。

“不好了！团长负伤了！”就在八连刚走出没多远，突然听到通讯员大声地喊。原来，当战士们折回身子的时候，一颗子弹击中了叶成焕头部，团长倒在了血泊中……

特务连的战士们抬着叶成焕急速向山下撤退，一路上血迹斑斑，他的神智时而清醒时而模糊，“哎，队伍，队伍呢？”这是大家听到他唯一的一句话，也是他临终前留下的最后一句话，由于出血过多，叶团长被抬到榆社郝壁村的第二天就牺牲了。

“出师未捷身先死，长使英雄泪满襟。”刘伯承师长得到叶团长牺牲的消息后三步并作两步奔到七七二团。他一看到平躺在担架上叶成焕，颤抖着俯下身子用力将他抱在怀里，连声呼唤：“成焕呀，成焕！”悲痛的泪水洒在叶团长苍白的面颊上。

太行山高高不过英雄的业绩，漳河水长流不尽人民对将军的无限怀念。今天当我们站在八路军抗战的丰碑下，流连于壮丽的太行山水间，仿佛仍能听到抗战时期那隆隆的炮声，仿佛看到一位年轻而富有朝气的八路军将士的身影——抗日名将叶成焕！

（史永平）

脱下长衫去救国

1943年，中共清河区党委曾将清河区所辖的长山县改名为耀南县，以纪念在刘家井战斗中牺牲的八路军山东纵队第三支队司令员马耀南烈士。

马耀南出生于山东省长山县（今邹平）的一个农民兼手工业的家庭。童年时代的他经历了德国入侵山东，占领青岛，后来日本又取得德国在山东的权利，齐鲁大地就这样在帝国主义侵略者的铁蹄下随意蹂躏，沦为殖民地的辛酸历史让马耀南义愤填膺。他在日记中写下了“我们要把帝国主义赶出去，我们要做真正的中国人”的豪言壮语。从此他积极参加爱国反帝活动，并参加了山东早期的共产党人邓恩铭、王尽美组织的“马克思学说研究会”。马耀南考入天津北洋大学后，更成为一位思想活跃、社会活动能力强的学生，被推选为天津市学生联合会的负责人之一。由于蒋介发动“四一二”反革命政变，屠杀共产党人，使北伐受挫，革命夭折。马耀南又积极参加倒蒋活动，因而受到通缉，他只好回到家乡长山县担任了长山中学校长。

马耀南烈士遗像

卢沟桥事变不久，北平和天津相继失守。国家有难，匹夫有责，马耀南决心投笔从戎，抗日救国。就在此时，中共山东省委派往胶东开展工作的林一山同志路过长山

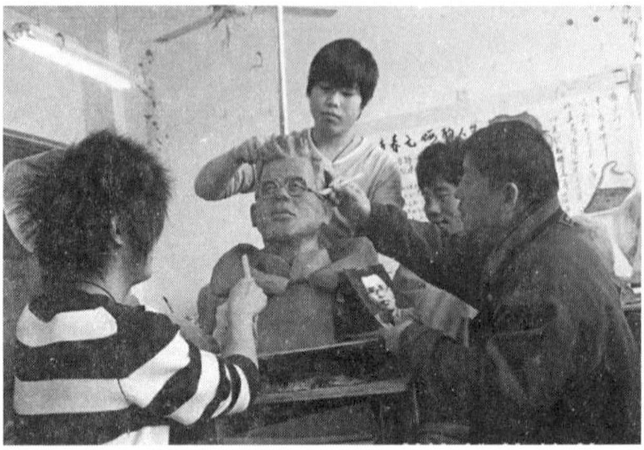

淄博职业学院艺术设计系师生在雕塑马耀南肖像

中学。林一山曾在长山中学任教，与马耀南相识。林一山见到马耀南，两人对时局进行了深谈，看法完全一致。林一山还根据中共中央发布的关于时局的宣言和《抗日救国十大纲领》向马耀南讲述了全国抗日的途径和前景，以及中共中央北方局发出“每一个优秀的共产党员，脱下长衫，到游击队去”的号召。马耀南听后感到十分振奋，于是，马耀南便执意要求林一山留在长山组织武装共同抗日。

接着，中共山东省委派遣地下党员姚仲明、红军干部廖容标和地下党员赵明新三人先后到长山中学，马耀南安排他们三人为长山中学的教员。在马耀南的策划下，以长山中学为基地，办起了“民众夜校”，实则从各乡调集进步青年接受游击战的训练，为组建抗日队伍培训骨干。

1937年12月24日，日军飞机轰炸了长山城，炸弹落在了长山中学和县政府附近。国民党县政府和县武装大队随之南逃，社会一片混乱。长山中学的党组织召开紧急会议，决定把师生拉到长山九区的卫固一带进行抗日，举行了“黑铁山起义”，编成山东人民抗日救国军第五军，由马耀南任司令，廖容标任副司令，姚仲明任政委。

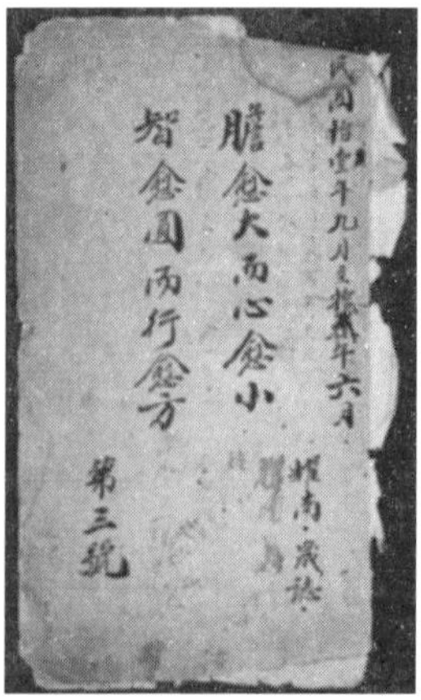

马耀南烈士生前使用过的日记本

为了解决部队给养问题，马耀南通过各种渠道募集了1 000大洋，作为部队的生活基础。

五军的旗号打出之后，就像一块巨大磁石，吸引着四面八方抗日救国的有志之士。他们纷纷向黑铁山聚集。很快，队伍就扩大到5 000人之众。1938年12月，八路军总部决定将山东各武装起义部队统编为八路军山东纵队，第五军正式整编为山东纵队第三支队，司令员马耀南，政治委员霍士廉，副司令员杨国夫。

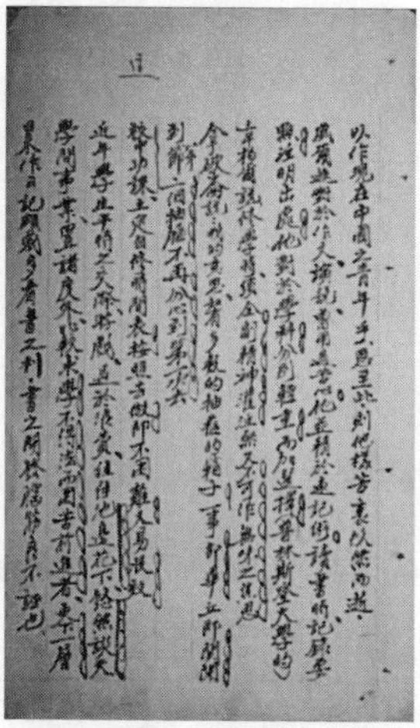
马耀南烈士亲手写下的笔记

1939年6月初，三支队奉纵队命令集结于长山县刘家井子一带，准备与冀鲁边打通联系。就在这时，突然遭到日伪军3 000余人的进攻，在马耀南、杨国夫的指挥下，我军上下顽强反击，与日寇展开肉搏战，毙伤日军井口司令以下日伪军共800余人，我军也付出了惨痛的代价。7月21日，部队转移到桓台县牛旺庄，又遭日寇三面包围。马耀南组织精干人员掩护队伍撤退，经一昼夜英勇战斗，决定向东转移。就在马耀南撤到大寨村时，突遭日军伏兵射击。马司令身负重伤落马，他爬行到墙脚，忍着疼痛，用手枪击毙数名日军。当一日军企图用刺刀刺杀马司令时，他机警地用最后一颗子弹把敌人的手臂打断，并拖倒敌人用手枪击破敌人的脑壳，自己也因流血过多而壮烈殉国。

耸立在淄博五中的马耀南烈士铜像

（王艳清）

血洒太行化碧涛

来八路军太行纪念馆参观的观众，常常听讲解员说起一位牺牲在革命老区武乡县的八路军英烈——郭国言。

郭国言是湖北省黄陂县人，他的少年时代正值中国近代史上十分黑暗的时期，外族侵入，枭雄辈出，军阀混战，民不聊生，劳苦大众生活在水深火热之中。很小的时候，他就操起了比自己身子还高出一大截的放牛鞭，开始了餐风饮露，饥寒交迫的牧童生活。苦难的经历，造就了他钢铁般的革命意志和革命品格。目睹旧中国反动统治的残酷剥削和压迫，他的心中萌发出一股不甘心当牛做马的反抗精神。

井冈山的星星之火，点燃了中国农民反帝反封建的希望之炎，也激发了郭国言反抗压迫求取解放的意识。1929年，刚满16岁的郭国言毅然扔掉牧鞭参加红军，开始了他的革命生涯。第五次反"围剿"失败后，他跟随毛主席走过了二万五千里长征，逐渐成长为一名优秀的指挥员，历任连长、指导员、营长等职。

全国抗战爆发后，他随一二九师开赴华北抗日前线。每次战斗，他总是冲锋陷阵，身先士卒，先后有七块弹片侵入躯体，右腿致残，但他毫不退缩。

1938年4月16日，为了反击日寇对晋东南根据地的九路围攻，八路军总部在武乡发起了长乐村战斗，身为七七二团副团长的郭国言，指挥战士们英勇出击，凭借浊漳河北岸险峻地势，居高临

郭国言将军骨灰安放地——晋冀鲁豫烈士陵园

下，与敌人展开了激烈战斗。团长叶成焕在战斗中不幸牺牲，他担负起指挥全团完成作战的重任，保证了部队安全撤离。

1939年蒋介石发动了第一次反共高潮，第二战区司令长官阎锡山充当了急先锋，指挥山西旧军向山西新军发动全面进攻，制造了震惊全国的“十二月事变”，驻扎在晋东南的决死三纵队遭受重大损失。为了加强决死三纵队的政治、军事领导，八路军总部调他任太行第三军分区司令员兼决死三纵队副司令员。他根据这支部队文化素质好、军事素质较弱的状况，一面加强政治思想工作，另一面积极进行军事训练，学习毛泽东同志的游击战争思想，竭尽全力整顿部队，使这支部队的战斗力得到迅速提高。

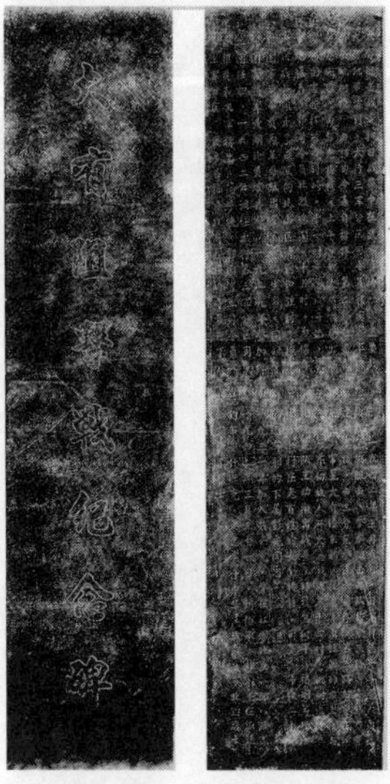

竖在郭国言将军牺牲地的纪念碑拓片

1942年2月19日凌晨，日伪军1 000多人，从蟠龙沿狼卧沟、汉广、王庄沟一线

郭国言将军牺牲地——武乡大有村

向大有进攻，向武乡北面山区“清剿”，企图消灭驻扎在这里的我三分区机关。为了阻击这股敌人，掩护大有镇附近50多个村庄老百姓安全转移，郭国言将军马上进行了严密布署，一路布置在大有小新庄的大寨顶，由分区参谋长刘昌毅指挥；二路布置在大有泰山庙顶，由分区政治部副主任彭光指挥；三路布置在西岗头村的桃树顶，由他亲自指挥。上午11时，战斗打响，郭国言将军冒着炮火穿插于阵地间，指挥战士们以阵地为依托，打退敌人一次又一次疯狂冲锋。几经反复，敌人仍不能前进一步。战斗进行至黄昏，恼羞成怒的敌人用山炮猛轰，稠密的炮弹倾泻在我方阵地，瞬间硝烟弥漫，弹片横飞。郭国言一面指挥战士们作战，一面观察敌情伺机转移。突然，一颗炮弹飞来，随着“轰——”的一声巨响，将军的整个身体被炸裂开来。血，鲜红的血，如注地从他的头部、胸部、腹部涌出，染红了整个阵地，年仅28岁的郭国言将军壮烈牺牲。

如今，在武乡县大有乡大有村南面的泰山腰间，依然矗立着纪念郭国言和彭光两位烈士的大有阻击战纪念碑。碑文书曰：“无数先烈的鲜血，灌注起这块幸福的乐园，新民主主义的旗帜，已插到了敌后，象征着新中国的创建！”漫山遍野，一株株松柏苍劲挺拔，在泰山上昂立如兵，当地人说，那是郭国言将军的鲜血化成的。

（郝晓敏）

侠义肝胆为救国

在八路军太行纪念馆的展厅里，陈展着许许多多英雄照片，令我倍受感动的是范子侠将军，他是一位具有传奇色彩的人物。

范子侠从小就立志当一名军人，长大以后考入天津东北陆军随营学校，毕业后在军阀部队当军官，直至团长，艰苦的生活磨练出了范子侠坚毅倔强的性格。

1935年绥东抗战爆发，他积极参加抗战，却因“共产党嫌疑”罪名被国民党军事当局禁锢，直到卢沟桥事变发生后才获释出狱。出狱后，他联络了许多北平的学生和抗日志士，于1937年10月13日成立了抗日义勇军，成为国民政府领导的游击武装。这支部队坚决抗日，队伍不断壮大，又因与八路军合作抗战而受到影响。1939年秋后，国民党对范子侠部队不但不予弹药和物资补充，反而多方刁难。对此，范子侠气愤至极，面对着国民党消极抗战的态度和对他的步步紧逼，他的处境变得十分险恶。一二九师刘邓首长得知这一消息后，决定帮助范子侠脱离险境。我党派人与范子侠见面，帮助他分析抗战形势，宣传我党方针政策。为此范子侠来到辽

抗日战争中的范子侠将军

平汉抗日游击纵队使用的臂章

县桐峪镇一二九师师部，与刘伯承师长商量。他对刘伯承师长说出了自己的困难、抗战的决心和对共产党的崇敬之情。刘伯承师长问："你打算怎么脱离自己的险境呢？"范子侠坚定的回答："脱离国民党，归共产党领导！"同时刘伯承师长还给范子侠具体的分析了投入八路军要解决的几个难题，并讲出了解决办法，范子侠听后非常感激。我们都知道当时我党的军事力量远不如国民党，范子侠在敌、伪、顽的包围中，要做出这样的决定是十分艰难的，然而他弃国民党高官厚禄的诱惑于不顾，毅然的选择了艰苦的革命道路，这样的精神是值得我们钦佩的！

1939年11月，范子侠率领3 000多人改编为"平汉抗日游击纵队"。为了保护平纵，上级将其从抗战前线调到后方根据地武乡休整，并举办了政治骨干培训班，学习八路军的战斗精神，这一年，范子侠加入中国共产党。不久，平纵与边纵一部合编为一二九师新

坐落在河北沙河县的范子侠将军墓

十旅，范子侠任旅长。

1942年2月初，已调任太行六分区任司令员的范子侠将军得到情报，日寇要对六分区驻地河北省沙河县柴关村进行“大扫荡”。当时一二九师政委兼晋冀鲁豫军区政委邓小平同志正在六分区视察工作，首长们研究确定了作战部署以后，邓政委和分区多数领导率领党、政、军机关向西北方向邢台境内的山区转移。范子侠却坚决不离开前方指挥所，并亲自率领一个小部队在敌占区开展了游击活动。他时而与敌人周旋，时而转移群众，时而带着小部队侧击、伏击和尾追敌人，把敌人搞得晕头转向，等敌人进入柴关村，军分区机关与老百姓早已被范子侠他们安全转移了。

由于连续作战了几昼夜，战士们极度疲劳，范子侠决定利用作战的间隙短暂停留，吃饭休息。可谁知此时敌人杀了一个回马枪——警戒部队报告发现村北山沟窜出一股日军骑兵部队。此时情况十分危急，范子侠当即一边指挥部队抢占村边小河对岸的山头，一边指挥回村的群众进行疏散。部队刚过了河，敌人的骑兵已到了村口。出村去东南的山冈有两条路：一条近路，但是容易暴露

清明节时中学生在范子侠将军烈士墓进行扫墓活动

目标；一条远路，但是浪费时间。范子侠毅然决定抄近路直奔山冈，他冲在最前面，此时的他早已忘记了个人安危。部队在他的指挥下边战斗边前进，快到山顶时，警卫员突然发现范司令的军装上有血迹，从上身一直淌到了腿部，警卫员赶忙扶他去阵地包扎，但是范子侠执意不下战场。这时敌人发现了他们并用机枪扫射，密集的子弹射向范子侠，在枪林弹雨中他丝毫没有退缩，此时，敌人的子弹再次打中了范子侠，但是他还是坚持着战斗和指挥，任何人都无法将他拉下战场。

敌人的“清剿”被击退之后，疏散的群众们听说范司令受伤了，大家都跑来看望他，并争着抢着为他抬担架，战士们找了一个山洞来安顿范司令，大家都围在他的身边，但是谁也没想到范司令竟然身中多弹，有一处遭受的是致命之伤，他左肩下的大动脉被打穿了，虽经包扎但仍是血流不止。直到流尽了最后一滴血，壮烈牺牲。

（郝世红）

永远的丰碑

他是一名赫赫有名的抗日英雄，他和他的回民支队驰骋在冀中与冀鲁豫抗日根据地，虽然险境重重，生死喋血，但他却创造了威震敌胆的辉煌战绩。回望抗日烽火中的一段历史往事，追寻一位民族英雄的人生传奇，这里要介绍的就是八路军回民支队司令员马本斋将军。

马本斋19岁时随父到东北之后投身奉军，后入东北讲武堂学习，毕业后很快从士兵先后升任排长、连长、营长、团长。“九一八”事变后，因不满蒋介石的不抵抗政策毅然弃官还乡务农。悲愤之中曾写下“风云多变山河愁，雁叫霜天又一秋。男儿空有凌云志，不尽沧浪付东流”的豪壮诗句。

卢沟桥事变后，日军占领北平，继而又把魔爪伸向冀中平原，所到之处烧杀抢掠，无恶不作，马本斋的哥哥马守明也惨死在敌人的枪口之下。马本斋决计举起抗日大旗，很快村里就有70多名回族青年响应，于是，“回民抗日义勇队”应运而生，马本斋担任队长。不久，与冀中军区回民干部教导队合并，部队很快扩大到两千人，编为回民支队，成为八路军冀中军区一支能征善战的精锐部队。这一年，他光荣的加入了中国共产党。

抗日英雄马本斋

马本斋是一位既有军事理论又有实战经

马本斋领导的回民支队在训练

验的军事指挥员，打起仗来从不力拼，而是善用巧劲。在攻打冠县的鬼子据点时，由于敌人火力凶猛，难以接近敌碉堡，马本斋就想出了一个绝招，让战士顶着八仙桌，上面覆盖多层湿棉被，形成了厚厚的防弹保护层，战士们钻在这样的“土坦克”下进至敌碉堡下安放炸药，敌人还没弄清这是什么“新式武器”，碉堡已经飞上了天。正是他的这许多特别“战法”，让日寇难以对付。

回民支队日渐壮大，战斗力也越来越强，屡遭打击的日军在枪炮无法征服回民支队的情况下，企图利用高官厚禄诱使马本斋归顺，这遭到马本斋的严词拒绝。为了对付常出怪招的马本斋，敌人也施了毒计。叛徒向山本献计：“马本斋是有名的孝子，把他的母亲抓来做人质，一定能逼他归降。”大敌当前，马本斋知道在母亲性命和抗战不能双全的情况下，应该舍弃什么，保全什么。同时，被抓的马老太太也不想让自己儿子为难，怒斥日寇的卑鄙行径，以绝食来抗争日寇，最后英勇殉国。噩耗传来，马本斋愤然挥笔：“伟大母亲，虽死犹生；儿承母志，继续斗争！”

冀中七分区追悼回民支队司令员马本斋大会

敌人企图逼降马本斋的伎俩不仅没有实现，反而更加坚定了他的抗日斗志。马本斋率领回民支队在冀中、冀鲁豫广袤的疆场上，英勇顽强与敌作战，令敌丧胆。

1942年，回民支队

位于河北献县本斋村的马本斋烈士纪念馆

转移鲁西北。这个地区已是连续三年大旱不收了，百姓生活极度困难。这时的马本斋身体已是很虚弱，长期的艰苦生活，使他患上了“搭背疮”，这种疮因长在颈后，与口相对，所以也叫“对口疮”，是一种很难治愈的重症。毒疮越长越大，病情越来越严重，每日疼痛难忍，高烧不退。但他依旧带头勒紧裤带，从口粮里缩减一部分接济群众，他自己有时一天只吃一小碗黑豆或者吃一点榨过油的花生饼。战士们心疼他，便把自己的口粮省下来，悄悄给他送去，他看到后非常生气，把食物退回去并批评道：“不吃东西怎么有力气打鬼子，怎么为老百姓报仇，我身体硬的很，以后不准发生这样的事，否则军令处置。”

1944年1月底，回民支队接到上级命令，开赴陕甘宁边区，执行保卫党中央的重任，队伍在冀鲁豫军区司令员杨得志的率领下，和军区兄弟部队一起向陕北进发。然而此刻马本斋的“搭背疮”越来越严重，疮痍波及脑髓，病情恶化，杨得志司令员让他住院治疗，但他坚持说，“咱们医院药品奇缺，还是留给战士们用吧，我能坚持。”他每天忍着剧痛，跟着部队前进。马本斋因高烧不退，毒火攻心，再也坚持不住了，1944年2月7日，不幸辞世。

朱德总司令得知这一不幸消息，为马本斋撰写了挽联：“壮志难移，汉回各族模范；大节不死，母子两代英雄。”

（李　佳）

巾帼女英雄

2009年，我刚来八路军太行纪念馆工作不久，就接待了一批特殊的游客，他们来自山西平鲁县，大部分都是年过半百的老人，一进展厅他们就不停的打听、寻找，问有没有李林烈士的照片。当我带他们来到烈士照片前，他们热泪盈眶，一位老人颤抖的讲述了那位骑着战马、拿着双枪，英姿飒爽的华侨女英雄李林的故事……

李林是一位印尼归侨，1929年回国后，进厦门集美学校读书。性格豪爽的李林，爱好体育锻炼，人们都称她是“假小子”，1936年12月加入中国共产党。全国抗战爆发后，李林就决定到抗日前线，她只身来到太原，参加了薄一波领导的牺盟会军政训练班，不久编入雁北抗日游击队，任骑兵营教导员，率部驰骋雁北。

李林率部来到平鲁，在这里坚持与日伪军战斗，别看她是一名女将，却骁勇善战，屡建战功，威名大震，当地百姓都称她“花木兰”再世，深受敌友我三方强烈关注。八路军一二〇师师长贺龙称赞她是“我们的女英雄”，国民政府第二战区司令长官阎锡山亦提出调她到长官公署工作，而日军方面则先后悬赏5 000元蒙疆币和5 000元大洋活捉李林。

李林烈士遗像

1939年底，李林与在太原军政训练班认识的男友屈健结婚，婚后的恩爱和互助让人羡慕，然而仅仅就在四个月后，他们就分开了，谁知道

李林率骑兵营在抗战前线

这一分离就成了永别……

那是1940年4月，日伪军集中1.2万兵力，对晋绥边区进行“扫荡”。刚刚调任第十一专署秘书主任的李林与特委书记赵仲池接到情报，立即组织转移，然而由于多数是刚参加工作的同志，未经过紧急态势的磨练，一听到有了敌情便慌乱了，特委与专署机关和群众团体等500余人刚到东平太村，就被敌人包围。

这次“扫荡”敌人出动了大量兵力，而负责保护机关的只有一个步兵营和地委直属的政卫连。兵力相差实在过于悬殊，于是上级决定所有人员撤向尚无敌情的平鲁方向，由地委军事部长姜胜负责突围的总指挥，李林立即紧急集合队伍。

谁知道日寇其实是故意在平鲁方向留下空缺，引诱被围的机关部队上钩。做出撤向平鲁的决定正中了日寇的圈套，又被迫撤入东平太村，而此时敌人已经从四面八方包围了过来。姜胜带领部队突围均被敌人顶回，伤亡非常惨重。密集的枪声响彻云霄，滚滚尘烟笼罩东平太村。

在这危急之时，李林冷静沉着地对姜胜说：“敌人大兵压境，看来我们需要分路突围。姜部长，你带政卫连、警卫排掩护领导向南或向西突围，我带骑兵连向东冲杀，把敌人引开。”姜胜说：“这样太危险了。”可是形势已经不允许他们争辩了，李林果断地跃上马背，高声喊：“骑兵连，跟我来！”

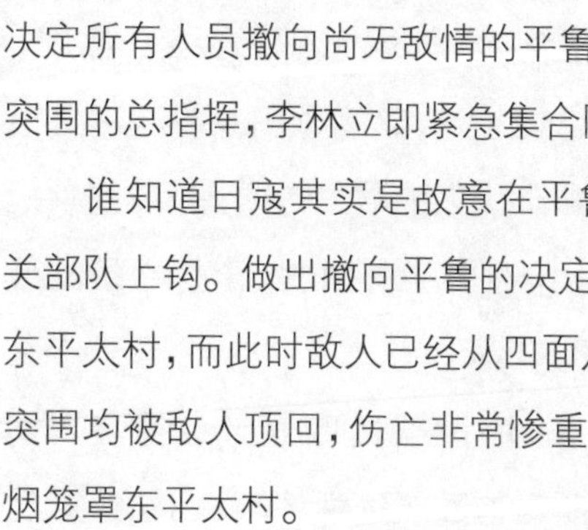
山西平鲁李林烈士陵园

近百名骑兵战士跟着李林冒着敌人的炮火，向东冲杀

清明节时人们到李林雕塑前祭拜

过去。

为了吸引敌人的注意力，李林甚至故意站在马镫上，左右开弓向敌人射击。敌人发现有人突围果然集中火力向他们射击。趁着这个机会，机关和干训班的同事们迅速沿着右沟南岔疾走，翻过南山突围出去。

此时，李林带领骑兵战士们浴血奋战，甩开了围攻堵截的敌人，如继续前进冲下去完全可以脱离险境安全转移。但是，李林听到东平太村方向的枪声仍然很激烈，于是，又带领骑兵再次冲进敌阵，跟敌人展开了激烈的战斗。由于敌人的兵力越来越多，骑兵战士们分散突围，不久，身边的战士们相继中弹牺牲，李林心爱的战马"菊花青"中弹，她从马背上摔了下来。

日军不断向她射击，李林的腿负了伤，她咬紧牙关拖着受伤的腿挣扎到山头的小庙旁，依托断墙与敌人继续战斗，由于极度的劳累，她眼前一黑倒在地上。日寇靠近她时，李林睁开眼，看到敌人围了过来，她佯装昏死，当日军靠近她时，突然一手拿驳壳枪一手拿小八音枪连连射击，六名日军应声倒下。这时的李林手臂、右腿、腹部分别中弹，身上鲜血直流，她坚强不屈，直到打完驳壳枪的最后一发子弹。这时小八音枪也只剩下最后一发子弹了，而敌人已经包围了过来，李林知道自己再也无力突围，在敌人扑过来之前，她将最后一发子弹打进了自己的喉部。

李林壮烈牺牲了，机关终于突出重围安全转移了。

（王　莉）

报人碧血染清漳

来到太行纪念馆担任讲解员工作已经将近五个年头了，每当来到陈列《新华日报》“石印板”的展台前，我的心中总是百感交集，心潮澎湃，脑海中总是浮现出一位英雄的画面，这位英雄就是曾经在太行山战斗过的新闻界烈士——何云。

何云，原名朱士翘，1904年生于浙江省上虞县朱巷乡一个贫苦农民家庭，1921年他以优异成绩考进杭州师范学校，毕业后回到家乡任教，并投入了上虞县的农民运动之中。1928年他到上海寻求革命道路，经人介绍到复旦大学学习半年，于次年赴日本早稻田大学读经济系，后转入铁道学校学习。1931年“九一八”事变发生，出于中国人决不做亡国奴的民族自尊心，出于对日本侵略者的万分仇恨，何云毅然停学回国，参加了抗日救亡工作。

1939年元旦，《新华日报》(华北版)正式创刊，何云被任命为社长兼总编辑，这份报纸成为华北敌后新闻事业的一面旗帜。1939年10月19日，经北方局决定，新华通讯社华北总分社在武乡大坪成立，由何云兼任社长，陈克寒兼任总编辑，林火担任副总编辑。从此，所有华北战报和新闻，都通过电波每天向延安新华通讯总社发送。

何云同志遗像

何云同志对党的新闻事业非常热爱，他

何云在山西武乡安乐庄村旧居

把全身精力、血液一点一滴地灌输到报纸的编辑、排版、校对、印刷和发行的全过程中，每一张报纸都是射向敌人的一颗子弹。报社先后经历了7次反扫荡，报社不得不多次搬家，条件十分艰苦。多少次的日寇扫荡，就有多少次的行军转移，尽管战斗非常频繁，但报社仍坚持出报，基本上没有中断。不能出铅印版，就出油印号和战时电讯版，在重要战役战斗时还专门编印号外增加宣传。

《新华日报》（华北版）的工作日趋发展，创刊不到两年，发行量就达到了三万多份，创办在小山沟沟里的《新华日报》，在整个根据地产生了巨大影响，不仅在根据地受到了军民的喜爱，连国统区也有许多订户，就是英国、苏联、法国、美国的新闻机构也都专门订阅。

何云烈士之墓

在硝烟弥漫的年代，何云同志经常亲临前线、深入敌后，采写了许多激动人心的新闻报道，揭露了日伪军在各抗日根据地连续不断“扫荡”、“围攻”中杀光、烧光、抢光的“三光”暴行；同时充分反映华北敌后军民浴血奋战、坚持抗日所取得的胜利，极大地鼓舞了广大军民的斗志，增强了人们取得抗战胜利的信心。朱德总司令曾称赞：“新华日报一张顶一个炮弹，而且天天在和日寇作战。”

1942年5月，日军调集了3万精锐重兵，包围了位于太行山的八路军总部，这次战斗就是日军对八路军总部进行的最大的一次“扫荡”。位于辽县（今左权县）山庄村的华北新华日报社也陷入了重重包围之中。日寇这一次的“扫荡”，采取了所谓“铁壁合围”和“篦梳式”搜索，敌人包围圈越缩越小，新华日报社处于危急之中。

何云同志果断决定，让大家化整为零，钻进山路崎岖、石笋耸立的深山沟沟岔岔、灌木丛中，就地分散隐蔽。报社的同志们是没有战斗力的，只有少数人手中有武器，他们连续几天忍饥受饿，露宿山野，和敌人捉迷藏，凭借着天然屏障和特殊地形，在群众掩护下自卫应战。由于敌人封锁很严，何云带着部队突围了几次都遇到困难，只好暂时隐蔽下来。天黑时，敌机投掷燃烧弹，山坡上的枯草都燃烧起来，大家一边灭火一边突围，直到次日天亮前，大部队突出了包围圈。而何云与几十个同志因为掩护战士，阻击敌人，还在

太行新闻烈士纪念碑

重围中，天亮后，敌人以密集的队形开始搜山。何云带着几十个同志在突围的过程中被敌人发现，敌人向他们疯狂射击，何云的行动本来就很困难，加上连日来水米未进，疲惫不堪，走不快，跑不动，敌人的子弹打中他的胳膊，他负了重伤昏倒在地，最后由于失血过多而壮烈牺牲。

何云的生命是短暂的，精神是伟大的。他给我的鼓舞是永恒的，不知不觉，我心中耸立起一座雄伟而庄严的丰碑，上面镌刻着何云的名字，正是因为有了像何云这样无数的英雄战士浴血奋战，才换来我们今天美好的生活。我深信何云的鲜血不会白流，我们一定会创造出一个更加辉煌的中国！

（姜桂芝）

铁军将才树丰碑

在八路军太行纪念馆第二展厅，有一幅抗战时期冀鲁豫军区部队操练的珍贵照片，说起冀鲁豫军区，就不得不说起朱程同志。

朱程，黄埔军校6期毕业后，曾在国民党军德州教导队任见习教官，因参与反对蒋介石的活动被捕，出狱后到南京，在津浦路警察行政督察总署谋职，并从事地下活动，秘密协助浙南中共组织和红军游击队建立联络点，筹措枪支弹药。1933年冬，受津浦铁路局委派赴日本东京铁道学院留学。当帝国主义侵华战争已箭在弦上时，他毅然回国，来到了抗日活跃的山西，任山西国民兵军官教导团教官。抗日战争全面爆发后，任河北民军第四团团长。

朱程率领民军与当地八路军独立游击支队密切配合，扩充抗日武装力量，开辟敌后抗日根据地。而"磨擦专家"民军总指挥张荫梧，多次挑唆不让朱程与八路军靠近，由于朱程坚持抗战，张荫梧下令，在内邱县的北庄村伏击朱程率领的部队，制造了"北庄事件"。朱程突围脱险，率部昼夜行军到达襄垣县，并正式宣布脱离河北民军，加入八路军的行列，并经朱德、闻允志介绍，加入中国共产党。朱程与他的民军第四团在太行山与日寇开展了游击战，1939年10月，为了打击白晋公路上夏店的日军据点，朱程组织了"狮山伏击

朱程将军遗像

朱程烈士雕像

战”，一举消灭日军100余人，击毁满载军火与军需品的汽车11辆，缴枪80余支，民军第四团在晋东南名声大振。之后，民军第四团编为第二纵队民军第一旅，朱程任旅长，随纵队东进冀鲁豫边区，先后担任冀鲁豫军区第一、五军分区司令员，指挥部队参加多次反“扫荡”作战，屡屡获胜，开辟了以内黄、曹县为中心的沙区抗日根据地。

1943年9月，日军集中1万余人兵分10路，并配以汽车、坦克、飞机等向鲁西南单县东南地区发动大规模“扫荡”。冀鲁豫军区指示五分区部队在曹县东南积极活动，伺机打击敌人，以牵制和分散日军兵力，减轻湖西地区军民的压力。朱程率民一团、二十一团和骑兵营在曹县东南地区积极游击，打击敌人。28日晨，朱程率部在曹县王厂西北大堤下集结。8时许，日伪军3 000余人，对王厂地区形成三面快速包围，情况十分危急。朱程命令部队避开敌人合击，插入敌占区活动，达到牵制敌人大“扫荡”目的。然而，此时敌骑兵已迂回到部队左后侧，一队骑兵冲上了堤口，守堤的士兵抵挡不住，朱程即令特务连三排冲上去夺取堤口，因敌众我寡未能夺回。

少先队员在纪念碑前缅怀朱程烈士

面对严重的情况，朱程果断决定，各部分路突围，留下特务连一、二排随他担任掩护任务。朱程率领仅有100多人的队伍冲向大堤，把敌人注意力引向自己。敌人将注意力集中在了朱程组织的掩护队伍上，民一团及二十一团指战员奋起冲锋，趁机突出重围。此时，朱程等100余人却陷入敌人的重重包围之中。战场上硝烟弥漫，战士们相继阵亡，朱程的坐骑中弹负伤，他的左胸也被子弹击中。他强忍伤痛，组织战士们与敌人周旋，再伺机突围。他们决定先抢占王厂村，当部队冲进王厂村时，发现敌人已占据了制高点，并以机枪封锁进村通道。朱程命令冲在前面的部队集中火力，消灭敌机枪火力点，部队终于占据了村边的一座土墙围子。

此时部队已被日军紧紧包围，情况十分危急。日军翻译向朱程所部喊话："投降吧！皇军不会亏待你们的，保证你们一辈子的荣华富贵！"朱程没有理会日军的劝降，和第一团政委魏明伦与战士们一起宣誓："誓死坚守阵地，誓死不当俘虏，为抗日留尽最后一滴血！"为了节省子弹，朱程下令等敌人冲到土墙30米时才射击。在战士们的英勇抗击下，日军付出了血的代价。敌人爬上土墙，都

参观朱程将军故居的群众络绎不绝

被战士用刺刀捅死，有的刺刀截弯了，就用枪托打，终于把进入院内的敌人消灭掉。此刻，我军也已伤亡过半，只剩下30余人。

朱程将这30余人编成四个班，准备再次突围。不料，敌人因多次进攻不能得逞，怕天黑后更难对付，就改用炮击，重炮轰来，我军战士又伤亡10余人。剩下的战士强忍着饥渴打完了最后一批子弹。朱程命令部队砸毁电台，摔坏机枪，和仅有的十几个战士鼓起最后一股勇气与敌人进行殊死搏斗。当敌人蜂拥地冲进我军防线，朱程高喊着："打倒日本帝国主义！"向敌群冲去，刚跑出十几米，就被敌人的机枪子弹击中，壮烈殉国。

惊天地泣鬼神的"王厂之战"就这样画上了句号。冀鲁豫军区司令员杨得志在悼念文章中这样写道："朱程同志的牺牲，是中华民族失一将才，边区部队失去了一个良好的指挥员，中国共产党损失了一个优秀的布尔什维克干部。"

（董　昊）

精诚之血染红崖

1941年1月27日拂晓，一颗璀璨的将星陨落在武乡县韩壁村。

他就是八路军三八六旅政治部主任苏精诚同志。苏精诚从小就是一个爱学习的人，由于家穷，为了读书，他一边读中学，一边兼任小学教员，以赚学费。为了获取更多的知识，他离开农村，半工半读到厦门美专求学。他当过校工，摇过铃，拿自己挣到的血汗工钱，来满足求知的欲望。在美专进步教师的帮助下，他看到了共产主义对人类解放的希望，并加入少共团，参加反帝大同盟。1932年红军攻入漳州，他召集200多名学生和农民，一道参加了红军。

在红军中，苏精诚担任过宣传员、宣传队长、宣传干事、政工科长、宣传科长。“西安事变”以前，他受党的委派到东北军与西北军某部队做统一战线工作，他不惧环境的险恶，夜日继日地辛勤工作。他在哨兵线上不断地呼喊口号，冒着生命危险说服哨兵，并跑进他们的连部进行动员，使东北士兵感动得流泪，发出“停止内战，共同抗日，打回老家去”的呼声。

苏精诚烈士遗像

抗日战争爆发后，苏精诚任三八六旅宣传科长。1939年2月，日军分数路对冀南抗日根据地进行大规模“扫荡”。三八六旅在冀南广漠无限的平原上，创造了有名的香城固诱伏战，把敌人装进口袋阵中，经过激战，共歼敌250余人，烧毁汽车8辆，缴获山炮、迫击炮各一门，步兵炮两门，长短枪100余支，弹药一批，狠狠地打击了敌人的嚣张气焰。敌人气急败坏，像挨了打的疯狗，集中70辆汽车，载敌2 000余，配合坦克、重炮进行报复。其装甲车上，贴着“专打三八六旅”的标语，恨不得将我八路军一口吞掉。在大平原上与敌之机械竞赛，我军的战斗生活极其艰苦。每当黎明大队疲乏已极的时候，苏精诚同志就会领导着自己的宣传队，出现在队伍的前面，唱起奔放的歌曲，打起激昂的快板，鼓舞士气活跃生活。敌人尾随我军进行了整整7天的搜索和追击，日夜扑空，而我三八六旅却在敌人来回搜索的网眼中安全转移。

苏精诚同志用宣传教育工作保证了高昂的战斗情绪，由宣传科长提升为三八六旅政治部副主任。

苏主任以忠厚朴实的风度，谆谆诱导的方法，展开了扎扎实实的政治工作。他热情待人，处事谨慎，许多干部战士受到他的关心爱护。在战斗间隙里，他经常和干部战士进行传统教育和形势教育，从政治上思想上提高觉悟。

1941年1月25日，辽县、榆社、武乡之敌6 000余再向武乡东部山区“扫荡”。26日，武乡、沁县东犯之敌先后到达西营、蟠龙。27日，这天是农历春节，凌晨，蟠龙之敌沿柳沟窜至韩壁东侧，西营之敌经护驾垴窜到韩壁西侧，突然袭击韩壁的三八六旅旅部。恰好被早起巡哨的苏精诚发现，他立即返身通知陈赓旅长，并组织部队奋起迎击，敌人来势凶猛，而我旅部的近前没有主

苏精诚烈士牺牲的地方

坐落在山西武乡韩壁村的苏精诚烈士纪念碑

力部队，只有少量的警卫部队。为了掩护陈赓旅长及旅部机关突围，苏精诚果断地决定由他带手枪排负责掩护，打退了敌人几次冲锋，又展开肉搏，激战一小时终于掩护旅部机关突出重围。苏精诚准备最后撤退时，发现敌人朝王家圪道方向行动。苏精诚知道那里有我军的物资，如被敌人发现，我军将遭受重大损失，为此，他决定利用自我暴露的办法来吸引敌人。身着狐皮大衣的苏精诚，站在高处一边向敌人扣动了扳机，一边大声呼喊："同志们，狠狠地打小鬼子。"这一招果然有效，日军认定他是大官，纷纷向他开枪。苏精诚见身边的战士们都牺牲了，便朝南边跑边喊着："朝准鬼子狠狠地打。"为给旅部机关人员更充分的转移时间，他知道村南是一条绝路、一道悬崖，此时天色还不明，他打算逃不脱就跳崖，让敌人也在慌乱中掉下悬崖。

敌人果然中了计，追着他冲了上来，苏精诚临危不惧，他一连打倒几个鬼子。又从身上掏出手榴弹，朝敌群甩去，又有几个鬼子倒下。就在这时，苏精诚也被敌人子弹射中，他坚持着等敌人冲近身边，拉着一名鬼子跳下悬崖……

"烽烟滚滚唱英雄，四面青山侧耳听。"英雄的苏精诚用他的生命保护了旅部机关与军用物资的安全，而自己却献出了宝贵的生命。

（王晓阳）

八路軍太行紀念館

第五部分

历史见证

红星杨的传说

在革命老区武乡县王家峪村，有一棵奇特而挺拔的白杨树。

凡来这里参观八路军总部旧址旅游景区的人们，总要到这株朱德总司令亲手栽植的白杨树下留个影，特别是要在树下转一转，细心地捡几枝被风吹落下来的小树枝，带回去作为永久的珍藏和纪念。你知道这些小树枝儿有什么奥妙吗？原来，当你捡一枝小树枝，沿着树枝的横纹轻轻地掰开，在树枝的断面就出现会一个非常清晰的红色“五星”图案，端端正正，就像解放军的五星帽徽一样。人们都称之为——“红星杨”。

朱德总司令在王家峪亲手栽下的“红星杨”

关于这棵白杨树中的“红星”，还有一段神奇而美丽的传说。

那是在抗日战争时期，共产党领导的中国工农红军主力，根据国共合作协议改编为国民革命军第八路军，走上了抗日战场，朱德总司令亲自率领八路军总部转战太行，指挥华北军民对日作战。面对强大的日军，装备精良的国民党部队望风披靡，而我八路军在武器低劣、弹药不足的情况下，出师以后，先后在平型关、雁门关、阳明堡等地给日军以沉重的打击。接着八路军分兵发动群众，广泛开展游击战争，开创了晋察冀、晋西北、晋冀豫、山东、冀中、冀南等敌后抗日根据地。

"红星杨" 树枝的横断面都呈现规整的红五星

八路军这个名字，在根据地老百姓心中有了很高的威望。特别是朱德总司令，民间传的更为神奇，老百姓们都说，朱总司令是天上的武曲星下界，他的掌心长着一颗常胜痣，每当八路军与日本鬼子打仗的时候，只要朱总司令一挥手，八路军便无往而不胜。朱总司令的掌心长没长着常胜痣，这只是个传说，但是八路军与日本鬼子打仗那可真是常胜的。

1939年到1940年，八路军总部转战驻扎在了太行山腹地的王家峪村。当时，不仅日寇常常对根据地进行扫荡，而且国民党政府也停止了给八路军的供给，并发动第一次反共高潮，我根据地处于日、伪、顽联合进攻的严重关头，根据地军民生活极其艰苦。就在这个时期，朱总司令坚定不移地带领敌后军民，坚持 "前门打虎，后门拒狼"，一面自卫反击，一面开展生产自救。朱总司令和广大战士们一样吃着野菜糊糊粥，穿着自织自染的土布衣裳，他们一边打仗，一边开荒种田。1940年清明节，总部机关和作战部队的战士们在蟠龙至下合村一线，开展了轰轰烈烈的植树运动，朱总司令也在百忙之中抽空来参加劳动，他来到王家峪的寨湾，手拿镢头，挖坑植树。此时此刻，他的心情非常沉重，过几天他就要离开生活战斗了两年半时间的太行山，准备到重庆与蒋介石就两军磨擦问题进行谈判，他想起了唐代诗人王昌龄的一首《从军行》："青海长云暗雪山，孤城遥望玉门关。黄沙历战穿金甲，不破楼兰终不还。”此行将会是何结局？他心中难以预料，想到这里，他决定在此留下一个永恒的纪念，于是把他珍藏了两年半的一颗红星拿出来，埋在树种的根下。

你知道，这颗红星是哪里来的吗？那是他在红军时期头上的帽徽。1937年8月根据国共两党协议，红军改编为八路军，此时所有的红军战士都必须脱掉红军衣裳，换上国民党的服装。对于换装，曾有一大批干部战士想不通，都说：“国民党白狗子同我们打了十年仗，杀害了我们多少同志，可是打来打去，打得我们也要当白狗子了。要让我们去戴青天白日的帽徽，还不如回老家打游击去！”面对此情此景，朱总司令何尝不这样想，可是这是抗日的需要，是革命的需要，是统一战线的需要，他深情地对战士们说：“我们要抗日，要革命，不在乎穿什么服装，今天我们穿上白军的衣服，照样还是红军的思想，就好比一颗西瓜，它的皮虽然是绿的，但瓜瓤却是红的，就让我们把这颗‘红星’珍藏起来吧。”说着他首先把自己的帽徽摘了下来，装在了贴胸的口袋里。在朱总司令的带动下，许多红军干部战士都把自己的红星珍藏起来。今天，朱总司令为了留下一个永恒的纪念，就把这颗红星埋在了树的根部，永远地埋在了太行山上。

朱德在王家峪时与战士们打牌

朱总司令于4月19日启程，先到洛阳与国民党第一战区司令长官卫立煌谈判，取得预期效果，因而根据中共中央指示，改变行程经西安回到延安。此后，朱总司令就在延安与毛泽东主席一起领导抗战，再没有能来

朱总司令手植杨树纪念碑

太行山生活战斗。朱总司令亲手栽下的这棵白杨树，真的成了他在太行山留下的一个永恒的纪念。

当地的老百姓经常来给它浇水、除草，这棵白杨树，很快就长得枝繁叶茂。

不久，人们突然有了一个奇特的发现，就在这棵树的树枝中有一颗红色的五角星。于是一个美丽而神奇的故事，在老区流传开来，人们都说朱总司令是天上星宿下界，因为他是神人，所以他把自己的帽徽埋在树根下，红星就长在了树枝中。

从此，这棵由朱德总司令亲手栽下的白杨树，成了老区一道亮丽的风景线。

（郝雪廷）

朱总司令的家当

当我们步入八路军太行纪念馆简史陈列馆的第二展厅时，首先映入我们眼帘的是在展厅中央独立展柜中陈列的一只皮箱，它是朱德总司令曾经使用过的爱物。

朱德出身于四川省仪陇县的一个佃农家庭，20岁考入四川高等学堂附设的体育学堂，后又考进云南陆军讲武堂，并加入孙中山领导的革命团体中国同盟会，参加了辛亥革命武装起义和倒袁战争、护法战争。在十月革命和五四运动的影响下，他逐渐接受了马克思主义。为寻求革命真理，他毅然放弃赴德国留学的机会，经周恩来介绍，加入中国共产党，受中共中央派遣到国民革命军中工作。第一次国共合作破裂后，1927年他参与领导八一南昌起义，

朱德总司令使用过的皮箱

1928年，他领导湘南起义，率部万余人上井冈山，成为我军的主要创始人之一。

1939年，朱德总司令在太行山抗日前线

中国全面抗战爆发后，朱德担任八路军总司令，率部东渡黄河，挺进山西，转战太行，运筹帷幄，决胜千里，指挥千军万马，驰骋于辽阔的华北抗日前线，展开艰苦卓绝的抗日游击战争。首战平型关，攻克雁门关，夜袭阳明堡，急袭长乐滩，伏击响堂铺，屡建奇功，威震敌胆。1938年2月曾任第二战区东路军总指挥，指挥部分国民党军队与八路军一起对日作战，成为国共合作坚持抗日民族统一战线的楷模，1939年3月，兼任第二战区副司令长官。

1940年5月，奉调返回延安，直接参与中共中央和中央军委的领导工作，协助毛泽东指挥全国各抗日根据地的对敌斗争。1945年4月，出席中共七大，并作了《论解放区战场》的军事报告，系统总结了中国共产党领导革命武装斗争，特别是八路军、新四军对日

朱总司令在山西武乡砖壁村旧居

作战的成绩和经验，成为毛泽东思想的重要组成部分。同年8月，在延安指挥八路军、新四军对日军开展猛烈的战略大反攻，为中国人民抗日战争和世界反法西斯战争的最后胜利，建立了不可磨灭的历史功勋。

在条件艰苦的抗战岁月，朱德总司令在太行山生活战斗了近三年时间。虽位居八路军总司令高位，但他的饮食起居、衣服行装却非常简朴，甚至让许多人把他当作马夫、伙夫，他就是这样朴素得像一名普通的战士，时刻保持着艰苦奋斗的革命本色。一只皮箱就是他的全部家当，它伴随着朱德总司令从延安来到太行山，无论是在砖壁总部还是在王家峪总部，警卫战士总是拎着这只劳苦功高的皮箱，里面装着军用地图、重要文件等朱德总司令必用的重要物品。

说到这只富有传奇色彩的皮箱，在太行山里至今还流传着一段富有诗意的故事。当年著名作家杨朔在王家峪总部生活的日子里，常常望见这只简朴的皮箱，当时又适逢朱总司令52岁生日，杨

朱总司令在山西武乡王家峪村旧居

朔便挥毫赋诗《代寿朱德将军》:“抚循部曲亲如子,接遇乡农蔼似风;谈笑雍容襟度阔,最从平淡见英雄。”一时传为佳话。

1941年2月,从革命圣地延安向莫斯科国际儿童院输送了40多名革命烈士和革命者的后代。朱总司令的女儿朱敏也是其中的一员,在临行前朱总司令将这只皮箱送给了女儿,他老人家殷殷嘱托:“父亲没有什么可以给你,只有这只皮箱能送给你了。”朱敏和她的伙伴们乘坐苏联飞机到达乌鲁木齐,再乘火车到达莫斯科进入国际儿童院学习。这些孩子虽然躲过了中国战场上的炮火袭击和血腥屠杀,但在苏联却经历了4年卫国战争,和苏联人民一道经历了困难时期,经受了战争的考验。最不幸的是朱敏在白俄罗斯落入德国纳粹的魔掌,在德国集中营中度过了九死一生的艰苦岁月。4年的囚禁生活,她可以说什么都没留下,唯有父亲留给她的这只皮箱却完好无损地保存了下来。此后的岁月中,无论是革命战争年代,还是社会主义建设时期,朱敏都把这只皮箱带在身边。

2005年8月,朱敏的丈夫刘铮将这一珍贵的皮箱捐赠给了八路军太行纪念馆。

(刘玉琴)

一根竹手杖

在八路军太行纪念馆陈列着一根竹手杖。这根竹手杖是用油漆漆过的，黑红色，这是朱德总司令送给民间医生弓应卯的礼物。

八路军的总司令为什么要给一个民间医生赠送手杖呢？现在我们就听听八路军太行纪念馆的讲解员娓娓讲述这根竹手杖的故事：

1938年4月，日寇为扼杀刚刚创建的太行根据地，纠集3万多兵力，从同蒲、正太、平汉铁路沿线及邯长公路和临屯公路，分九路向晋东南地区大举围攻。为粉碎日军的“九路围攻”，八路军总司令部决定采取以一部分兵力牵制其他各路日军，集中主力寻机歼灭其一路的作战方针。为了便于指挥，朱总司令率领总部转战于武

在武乡寨上村召开的反九路围攻祝捷大会现场

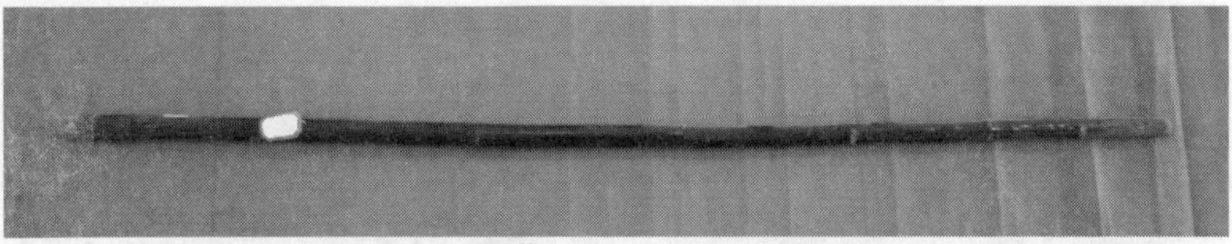

朱德总司令送给弓应卯老先生的竹手杖

乡，并指挥了著名的长乐村战斗，从而粉碎了日军对晋东南地区的九路围攻。之后，总部机关移驻武乡寨上村，并在此举行了反九路围攻祝捷大会。

北方的初春，春寒料峭，八路军战士们大部分是经长征过来的南方人，不大适应北方的气候，再加上战事频繁，衣衫单薄，许多人染上了伤寒。朱总司令虽已年过半百，仍日夜操劳，更为战士们的身体着急，他小腿上也生了一大疮，并已化了脓，疼得他日夜难熬，行走也困难，因此不得不用长征时带过来的一根竹手杖助行，即便是这样总司令还是坚持工作到深夜。

寨上村有名老中医名叫弓应卯，出生于一个中医世家，父辈的言传身教，使他成为艺馨乡里的名医。他不光医术精湛，而且对待病人满腔热情，服务周到，他知道很多乡亲因贫穷而付不起医疗

朱德与刘伯承、邓小平研究作战计划

朱德总司令在山西武乡寨上村旧居

费，就分文不收，被百姓称为救人的活菩萨。八路军进驻寨上村以后，许多战士生病，他看在眼里，急在心上，就主动为他们治疗，他从山上采集来中草药，用大锅熬成汤药，让战士们服下，没几天战士们的伤寒病竟全好了。特别是当弓老先生得知八路军的总司令因疮病而行动不便，就亲自登门为朱总医治。弓老给朱总检查后说："您这是因常年行军打仗，营养差，吃饭喝水不能规律，火毒所至，久而生成疮。"于是，弓老细心地给朱总清理伤口，并敷药包扎好，说："您这脓疮治疗方法是，内服中药败火，外服药剂去毒，我这里带着些成药，您每天按时服下。"为了不影响朱总的工作，弓老每晚准时去为他治疗，每次都是小心、细致的将脓血去除后，再敷药包扎，经过一周的治疗，朱总的疮疾痊愈了。

这一天，朱总为感谢弓应卯老先生为八路军将士们治病，特地在总部准备了便饭招待弓老，并想付给老人医疗费。席间，朱总说："弓老先生，您为八路军立了大功呀，我代表八路军将士谢谢您。"说着拿出几块钱，"这些钱希望您老收下，是我们对您支持革命的报答"。

可是弓老说什么也不要，他说：“首长，我虽是一名乡村医生，可我就是为咱穷人看病的，八路军是咱穷人的好军队，为咱百姓打鬼子，给你们看病，我是心甘情愿、理所当然的，我怎能收你们的钱呢？”

朱总见弓老执意不肯收报酬，就拿起自己生病时常拄的那根竹手杖说：“您给八路军将士们治好了病，又不收一点报酬，现在是战争时期，没有什么好礼赠送，就将我拄的这根竹手杖送给您作个留念吧！”弓老双手接过竹手杖感动得不知该说什么好，一个普通的民间医生能被总司令如此相待，这是他怎么也没有想到的。

后因战乱不断，弓老怕将朱总司令赠送的竹手杖丢失，就用油纸包了又包，埋于房后地中。在临终前，他将侄儿弓献玉叫到面前，告诉他埋手杖的地方，要他在胜利后及时挖出，好生保管。解放后，弓献玉曾多次寻找，终于找出来，当他将一层层油纸剥掉后，见那根宝贵的竹手杖完好无损，就将它捐献给八路军纪念馆。

（王晓阳）

一架缴获的照相机

这是八路军太行纪念馆珍藏的一架我八路军从战场上缴获的日军照相机。

这部日军照相机，是陈漫远将军在任晋绥军区参谋长时率部作战中缴获的，得到这架照相机后，他爱惜有加，一直将此珍藏着。2010年6月，陈漫远将军的女儿陈南竹和她的家人带着她父亲珍藏了几十年的照相机，还有一些陈漫远将军生前用过的物品、历史资料等，一起捐赠给八路军太行纪念馆。

陈漫远将军喜欢摄影，说起他与摄影的渊源，那要从1938年谈起。为了加强军事侦察，晋察冀曾经举办了摄影训练班，主要结合军事侦察工作与战地考察进行了业务培训。陈漫远将军作为军分区司令员也饶有兴趣地参加了这次的培训班，从此，陈漫远将军便和摄影结下了不解之缘。

作者在接受陈漫远将军之女陈南竹的捐赠

1939年4月，延安电影团一行到达晋察冀根据地。陈漫远在安排电影团同志们的工作中，经常抽空向他们学习摄影技术，电影团在这里不仅拍摄了部队的活动，还拍摄了敌后的军工生产，制造手榴弹、地雷的兵工厂和修械所情况，拍摄了部队的被服厂、制作军鞋、群众支前、民兵等活动，以及妇救会、儿童团、识字班镜头。在与电影团协作的工作时间中，陈漫远学到了许多摄影的技巧，为他以后在战争间隙拍摄照片奠定了基础。

陈漫远将军从战场上缴获的照相机

1941年春，陈漫远调晋绥军区，先后任参谋处处长、副参谋长等职。在晋绥的抗日战斗中，陈漫远将军组织指挥部队打伏击，摸岗哨，袭据点，撒传单，割电线，捉汉奸，把日伪军搅得日夜不安、坐卧不宁。经过无数次大大小小的战斗，缴获了大量的日伪军武器装备。

在一次战斗结束后，晋绥军区副参谋长陈漫远和司令员吕正操查看缴获的日伪军战利品，吕正操一眼看见战利品中有一架很精致的照相机，便拿在手中仔细鉴赏。在当时，照相机作为比较精密的光学仪器，是十分难得的物品。陈漫远看到照相机，也非常的兴奋，他接过来仔细地看了起来，真是爱不择手。

这时，吕正操就说："漫远同志，这是一架日本东京生产的照相机，是个先进的东西呀，照相机在军事侦察和参谋工作中很有用处，你学过照相技术，就把它交给你吧，一定要把它保管好，使用好，让它在对敌斗争中发挥作用。"

陈漫远与朱良才、王平（右起）在一起

陈漫远将军是一位摄影爱好者，一听司令员把照相机交给他保管，高兴得如孩子一般跳了起来。从此，这架珍贵的照相机，就成为

陈漫远在河北阜平前线与夫人李开芬合影

陈漫远将军的心爱用品，跟随他转战南北，屡建功勋。他带着这部40年代日本生产 的OKAKO TOKYO—WALTAX小皮腔照相机，南征北战，拍摄了不少抗日战争和解放战争的照片。这些照片，应用在军事侦察和参谋工作中，为作战指挥决策提供依据，立下了赫赫战功。这些照片，记录下许多珍贵的历史时刻，也记录下革命军人战斗、生活的场景，为后人留下了宝贵的精神财富。

这部照相机，在跟随陈漫远将军转战南北中也历经了战火的洗礼。在一次战斗中，陈漫远将军带领参谋和警卫人员在前线勘察地形，他手拿这部照相机进行拍照，准备回指挥部后仔细研究。突然，敌军的炮火突袭了他们，有几发炮弹就在距离陈漫远将军不远的地方爆炸，巨大的气浪一下把他掀倒在地上，珍爱的照相机脱手飞了出去，重重地摔在旁边的石头上，镜头和皮腔被摔坏了。之后，陈漫远将军依然珍藏着这部见证了抗日战争珍贵瞬间的纪念物，因为，这部照相机是他在革命战争年代身经百战、九死一生的真实写照，也承载着厚重的历史和不寻常的记忆。

（王　霞）

军刀的故事

在八路军纪念馆，陈列着这样一把军刀，它是抗日战争时期太行山有名的游击队长魏名扬从日本侵略者手中缴获的。70多年过去了，随着岁月的流逝这把军刀已经是锈迹斑驳，这把东洋刀却是日本侵略军杀害中国人民的铁证。

魏名扬是山西武乡县人，自幼习武，技艺超群，1937年创建名扬游击队，曾先后六次率游击队集体参加八路军，为八路军输送兵源3 000余人，而他的游击队也在抗战中越游越大，越游越强。

1943年6月，日伪军占领了武乡东部的蟠龙镇。为巩固其占领，日军在蟠龙附近的李家坪、侯家垴、奶奶凹、胡峦岭等村庄，修建碉堡，构筑工事，增设哨卡，安插特务。其中胡峦岭村因地势险要，沟壑纵横，易守难攻，日军便将主要兵力放在了胡峦岭。小林支队长还将自己的心腹干将湿泽角荣任小队长兼军事顾问，全权负责胡峦岭日伪军的军事要务及战事指挥。湿泽角荣占领胡峦岭后，开始在周边村庄进行猖狂的扫荡。所到之处烧杀抢掠，一时间胡峦岭一带数千名无辜群众陷入了水深火热之中。

战争年代的魏名扬

为保护百姓，消灭盘踞在胡峦岭

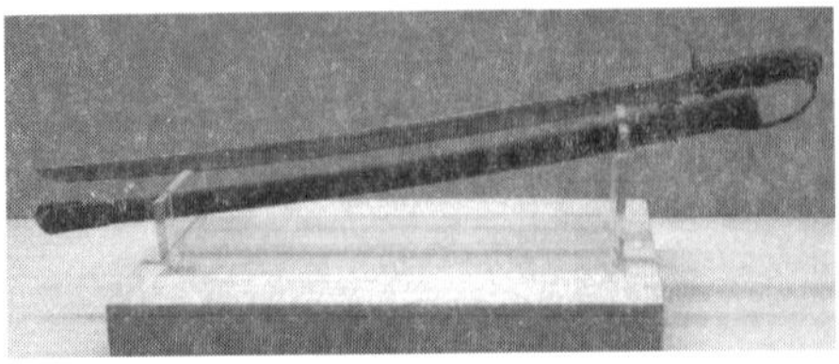

魏名扬缴获的日军军刀

的日伪军，太行三分区准备攻打胡峦岭。由于胡峦岭地势险要、易守难攻，为了减少伤亡，先派熟悉地形且武艺高强的魏名扬侦察摸底，之后再集中兵力一举歼灭。

魏名扬曾多次独闯敌营，截军火、捉汉奸、盗物资，弄得敌人焦头烂额，成为日军心头大患，曾悬赏5 000金票缉拿他。魏名扬接到命令，挑选了两名武功高强的游击队员趁黑摸进了敌营。魏名扬见有两名伪军巡逻，到了隐蔽之处，趁他们没有戒备，突然来个猛虎扑食，出其不意将两名伪军擒拿，抓了“舌头”，没多久就把情况都搞清楚了。

根据魏名扬提供的情况，三分区司令员鲁瑞林下达了攻打胡峦岭的作战方案，命令十四团三营与名扬游击队配合作主攻，营长钟明锋与魏名扬曾多次合作，先后打过小屾湾、型塘滩等战斗，这次合作攻打胡峦岭自然也是轻车熟路。他们按计划向胡峦岭之敌发起猛攻，经过三多个小时的激战，将日伪军全部歼灭。

在清理战俘时，钟营长一直未发现湿泽角荣，于是他特派游击队长魏名扬与队员赵振旅二人迅速返回村里搜寻。突然在一家农户的牛棚里，发现有个人正钻在牛槽下换穿老百姓的衣服。魏名扬给赵振旅使了一个眼色，赵振旅立刻会意，用日语大声喊道：“湿泽角荣。”听到叫声的湿泽角荣不由自主地站了起来，惊恐地盯着他俩，下意识地向后退了两步。

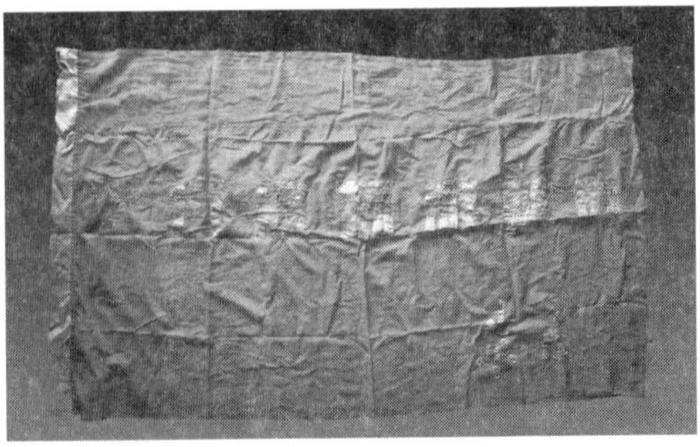

朱总司令赠给“太行名扬游击队”的队旗

魏赵二人断定这个家伙就是湿泽角荣。于是迅速扑上去，想要抓

太行三分区领导与名扬游击队部分干部、队员合影

住这个双手沾满中国人民鲜血的大恶魔。但湿泽角荣也绝非等闲之辈，他哪能甘心束手就擒，反扑过来弓步蹲身，摆出架势，与二人对打起来。

只见湿泽角荣一拳打来，魏名扬拳头虚晃接应一下，飞快转身，先飞起左脚，踢中湿泽角荣小腹。湿泽角荣双手接下，蹲下了身；魏名扬转过身来，再扬起右腿，一脚正中他的脑门。湿泽角荣感到比武并非魏、赵二人的对手，便乘其不备，迅速从牛槽底下取出自己的军刀准备剖腹自杀。

魏名扬眼疾手快，正当湿泽角荣双手举刀的一刹那，他一个箭步上前，踢中腹部，军刀应声落地。魏名扬活捉了恶贯满盈的湿泽角荣，缴获了这把军刀。在纪念抗战胜利六十周年之际，他的儿子魏保留将这把军刀捐赠给八路军太行纪念馆。

（魏　巍）

关二如和他的三八式步枪

在八路军太行纪念馆的展厅里，陈列着一把三八式步枪，这支步枪看上去很普通，但当你听了讲解员的介绍，就会对它肃然起敬，因为它的主人是抗战时期赫赫有名的民兵杀敌英雄关二如。关二如是武乡县关家垴村人，曾获晋冀鲁豫边区“民兵一等杀敌英雄”、太行首届群英会“神枪武状元”的称号。

在武乡县，但凡认识二如的人都带着佩服的口气说：“那个年轻小伙子，枪法实在好，真是太行山上出色的青年射击手。”之所以得到如此赞誉，还得从关二如参加民兵说起。1940年关家垴战斗打响时，他亲眼看到鬼子烧、杀、抢、掠，无恶不作，心里非常仇恨，发誓要把鬼子赶走，虽然年纪小，他也跟着大人们从山沟里背回了三个伤员。1941年村里组织民兵时，他坚决要求参加，又因年纪小，民兵队不收他，他就死缠硬泡，直到第二年才被武委会接受，并担任了民兵学习组长，村里还发给他一支才从洞里挖出来的三八式步枪。枪栓生了锈，拉也拉不开，但二如却如获珍宝，每天擦洗，后来枪栓、枪腔都被他擦得滑溜溜的，非常管用。他常向村里的民兵说：“擦枪就如人洗脸，如不保管好，再好的枪也不中用。”这枪从此没有离开过他一天，直到牺牲时他还背着这支枪。

杀敌英雄关二如

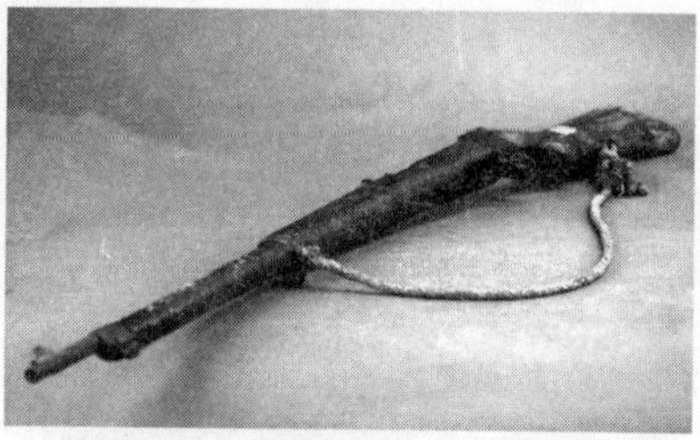
关二如使用过的三八式步枪

二如不仅视枪如命，经常进行瞄准练习，他在自家院里墙上，画了七八个瞄准点，“每天饭后一瞄准”，是他练枪的老规程。平常不论在家或在地里一有空闲，他就举着这把三八式步枪练瞄准，夜里不能瞄准，便举枪练臂，还把枪管上吊了砖头，增加臂力，三年从未间断过。俗话说：“铁杵磨成针，功到自然成。”他打枪打得准，就是从刻苦训练中练就的。

在反“扫荡”战斗中，总是离不开二如的身影。1943年5月，关二如和民兵们正在村北山梁上干活，忽然发现东面洪水河滩老远的地方，有一队日军鬼子杀气腾腾地过来了，走在队伍前边的是一个骑马的军官。关二如瞪着大眼死死地盯着，心想，“擒贼先擒王”，今天我就把这个日本军官当成靶子，试试这些天来练习的枪法准不准。当敌人走进了伏击圈，骑在马上的那个军官，正拿起望远镜向山顶观望时，关二如把枪一举，“砰”的一声，那个军官脑袋开花，翻身落马，敌人被这突如其来的枪声与指挥官的毙命吓得四处逃散。同年6月，日寇占领了蟠龙镇，二如的活动也就更加积极起来，在八个半月的“蟠龙围困战”中，他总是冲锋在前，退却在后，亲手打死二十多个敌人。

关二如光荣出席太行首届群英会

1943年8月，二如又干了一件漂亮事。他和民兵副班长到村口侦察，刚走到村边圪梁上，便见8个鬼子在树上吃桃子。二如说：“狗日的！该死了！”说

关二如在太行首届群英会上荣获腹地民兵一等杀敌英雄奖章

罢，端起三八步枪，两枪打倒两个鬼子，其余鬼子慌着逃窜，他忙说："快打！快打！"他俩连发四枪，又干倒四个。

1944年7月在太行三分区举办的民兵大比武活动中，关二如和众英雄比赛打靶。靶场周围人山人海，都想亲眼瞧瞧关二如的枪法，只听见"射击手关二如出场"，二如不慌不忙的到了靶场，举起枪来，稍微瞄了瞄，三枪打了28环，在30多个射手中，得了头名。大家异口同声地说："果然名不虚传。"在场的邓小平、李达、黄镇等首长高兴地拍手称赞。三分区卢副政委亲切地拍着关二如的肩说："二如！回去给你换支好枪，将来多多杀鬼子吧！"二如红着脸腼腆地说："俺这把三八枪好使着呢，俺可舍不得丢掉它哩！"在场的人都被他逗乐了。就是在这次比武中，关二如被授予"神枪武状元"的称号。

抗日战争时期，关二如和他的民兵班参加了无数次大小战斗，威名远扬，战功卓著。他就用这支步枪打死近百名日本鬼子，1944年11月，在太行首届群英大会上，被授予"民兵一等杀敌英雄"。抗战结束后，关二如又背着他心爱的三八步枪投入到了伟大的解放战争中，不幸的是，他于1948年12月在淮海战役中光荣牺牲，年仅21岁。最后，这支步枪和烈士证一起被送回他的老家关家垴村。

（王晓阳）

一位日本八路留下的军号

在八路军太行纪念馆收藏着一把特殊的军号，说它特殊并不在其外形，而是因为这是一位“日本八路”捐赠的。2005年8月，这位日本八路专程来到山西，将这把军号郑重地捐赠给八路军太行纪念馆。

这位日本八路真名叫前田光繁，出生于日本京都的一个小手工业家庭，17岁时入伍当了一名海军，因体弱闹病提前退役。1937年只身赴中国沈阳，进入为日本侵略中国东北服务的特殊机关“满铁公司”。次年春天，他被派往河北邢台一个叫“双庙”的小车站工作。一天清晨，尚在梦中的前田光繁，被八路军俘虏了。之后，他被送到了八路军一二九师师部，师敌工科长张香山曾留学日本，能说一口流利的日语，便与前田光繁住在一起，给他讲日军对中国百姓的残害，讲自己留学日本时参加的反战运动，讲日本人也是战争的受害者，讲中共的信念，讲八路军的“三大纪律八项注意”。在此后的日子里，他更是耳濡目染，“八路军是一座学校，由朴实的、俭朴的、意志坚强的人们构成。”而且为了前田在日本免受迫害，为他改名杉本一夫。

前田光繁捐赠给八路军太行纪念馆的军号

前田光繁为八路军太行纪念馆捐赠其出版的书籍《八路军中的日本兵》

在张香山等人的教育下，他了解了日本侵略者给中国人民带来的灾难，认清了帝国主义的本质，决心从事反战工作。1939年1月2日，在八路军野战政治部驻地山西潞城中村的军民迎新联欢会上，杉本一夫与另外两名日俘一起宣布自愿参加八路军。同年11月，他又与七名经过改造的日军俘虏一起，发起成立了“日本士兵觉醒联盟”，成为八路军中第一个日本人反战团体。从此，他用这把军号指挥着日本人反战成员，进行战地宣传、喊话等。

1940年，日军开始对华北地区进行疯狂扫荡。10月下旬，百团大战第三阶段关家垴战役打响，战斗打得非常激烈。此时前田光繁的任务是向日军喊话宣传。关家垴一战，八路军英勇作战，几乎全歼日军，其中也有前田光繁的一份“功劳”。

前田光繁回忆关家垴战役时，他这样说：“1940年10月下旬日军三十六师团两个大队1 000多人被围困在山西武乡关家垴一带，指挥这一战役的是彭德怀、刘伯承、邓小平等首长，由一二九师的劲旅三八五旅、三八六旅、新十旅、决死一纵队等部，战斗打得很激烈，日军如困兽犹斗，急了眼地往外冲，我们的部队死劲往回打，而且包围圈越来越小。日军的飞机白天来支援，炮弹、机关枪一齐狂轰滥炸，就在这关键时刻，我被派到战地向日军喊话宣传，让他们不再负隅顽抗、快快投降。我的武器是一个铁皮做的喊话筒，我深深吸了一口气，在静静的黑夜中，高声用

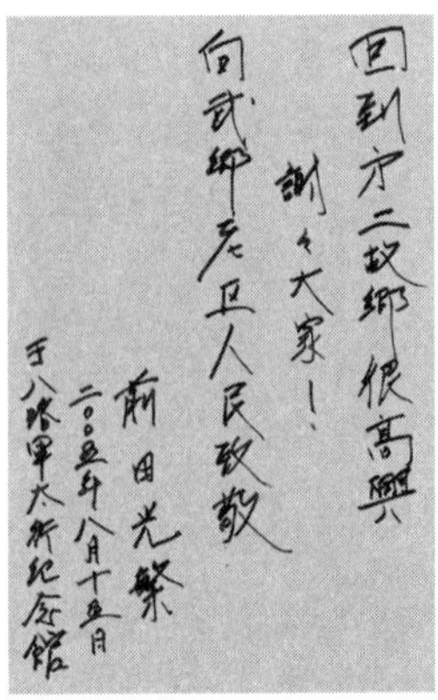

前田光繁为武乡题词

日语开始喊话：‘日本士兵们，现在八路军停止了射击，你们不要开枪了，听听我们的喊话吧，我是日本人，过去曾是你们的战友，现在是八路军中反战觉醒联盟的一员，我们的目的是让战争早日结束，尽力挽救战友们的生命！现在你们已经被八路军紧紧包围，快下决心，放下武器投诚，突围是没有希望的，八路军绝对不杀俘虏，保证你们的生命安全。想想吧，你们在家的父母、爱妻、子女决不想看到你们的骨灰……’”

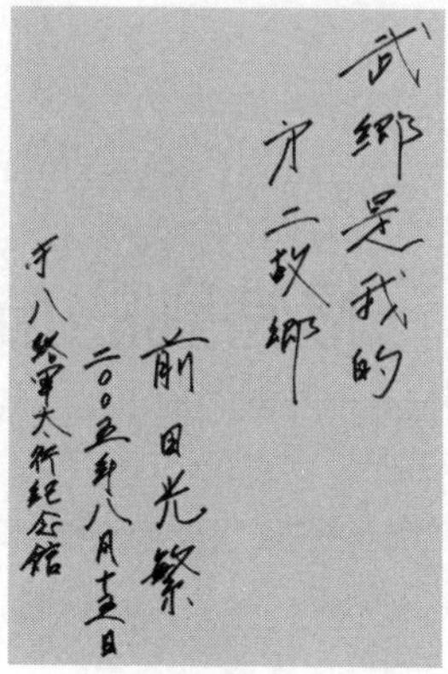

前田光繁题词：“武乡是我的第二故乡”

喊话使部分日军产生了厌战情绪，对这场战斗的胜利起到了一定的作用。

之后，他辞别山西，到延安协助工作，同时担任延安“日本工农学校”教师和政治工作人员。抗战胜利后又千里跋涉赶赴东北，帮助工作人员做约200万日军及日本侨民的遣返工作。之后，前田光繁又帮助东北民主联军说服原日本航空教练队的教员、技师、飞行员加入新成立的东北航空学校，培养出新中国第一代飞行员。1958年，前田光繁回到了阔别21年的日本。

前田光繁的生命中许多往事，都已渐渐在记忆的长河中淡漠，唯独青年时期在中国国土上那段刻骨铭心的经历永难忘却。

2005年8月，这位日本八路专程来到山西，向我馆捐赠他保存了65年的军号，并重回他住的老乡家里看望，他深情地说：“我喝过武乡的水窖水，尝过武乡的苦苦菜，住过武乡的土窑洞，和武乡老百姓有着鱼水深情的战斗情谊，武乡就是我的第二故乡。”

（刘玉琴）

一幅特别的布奖状

柳沟兵工厂是抗日战争时期八路军总部在武乡创办的一个著名兵工厂，坐落在蟠龙镇东南方的柳沟一带。在这长约八华里的山沟里有河不凌、柳沟、窑申脚、庄底、马岚头等村庄，而这个兵工厂，原来是抗战之初由武乡县抗日政府筹建的一座小型工厂——韗山工厂。后来与当地地主创办的开源公司、成城铁厂和永恒铁厂以集资入股的办法，合股生产。工厂合办不久，几家地主不愿合股生产，抗日县政府就将资产买了过来。1939年4月，经朱德总司令亲自到厂视察和协商，为了加强兵工生产，决定由八路军总部军工科接管韗山工厂，改名为“八路军总部柳沟铁厂”，委派高原任厂长，张先进为教导员，留任王化南为副厂长。工厂在八路军总部的直接领导下，有了很大发展，先后添置了大批先进设备，动力机械有：蒸汽机、发电机、锅炉等，机床有：冲床、钻床、刨床、车床等80多部。柳沟兵工厂发展成一个机

八路军总部奖给郭大海的布奖状

械化的炮弹厂，每天可造22 000发炮弹，成为华北敌后根据地最大的军工企业。

郭大海亲手研制的八路军兵工厂第一门掷弹筒

说到这个兵工厂，有我们不得不提到一位生产骨干，他叫郭大海。

郭大海是河南林县人，从小随父以打铁为生，是个祖传的打铁高手，抗战前一直以开铁匠铺为生。由于河南累累遭灾，他带着两个兄弟二海、三海逃荒翻越太行山，来到武乡。武乡成立兵工厂后，为了寻找技术工人，就找到了这个铁匠。郭大海一听说请他到兵工厂工作，他二话没说，一口答应："我带着我的两位兄弟到兵工厂工作，没有别的要求，有我们的饭吃就够了。"就这样，郭大海三兄弟成了兵工厂的工人，他们在马岚头的一个破庙里生起一盘铁匠炉，利用从群众中收集的废铜烂铁，开始生产打造兵器。

柳沟兵工厂旧址

1939年秋，八路军总部号召"开展革新创造，制造最新最有威力的武器"。郭大海心想，日本鬼子武器那么先进，可咱们的兵工厂还在生产长矛、大刀，根本无法与之较量，我们为什么不能生产先进的武器呢？郭大海的想法，

柳沟兵工厂纪念碑拓片

受到军工部首长的支持，这时正好从前线缴获了一门日本的掷弹筒，郭大海仔细分析了掷弹筒的结构，认为我们完全可以仿制出来，就提出了仿制掷弹筒的请求。郭大海的请求很快被军工部批准，并且八路军总部首长也十分重视，如果能生产出我们自制的掷弹筒，这对我们在战场上争取主动性将起到至关重要的作用。

掷弹筒也叫轻型迫击炮，它的操作使用亦十分简单，在发现并瞄准目标后，将迫击炮弹从炮口滑进炮管，依靠其自身质量使炮弹底火撞击炮管底部的撞针；或者依靠其自身质量滑至炮身底部，待射手操作释放撞针后，撞击炮弹底部底火。所有的迫击炮弹均带有尾翼，结构十分复杂典型的迫击炮弹在结构上除尾翼外，还包括引信、传爆管、炸药、弹体、闭气环、基本药管、附加药包、底火等零部件。

根据掷弹筒的发射原理，对于弹膛的技术要求并不很高，当时兵工厂的技术应该可以达到，在军工部首长的支持下，郭大海开始了掷弹筒的试制。这项工作主要有两大难题，一是筒身的加工，二是炮弹生产。不能同时研制出炮弹，掷弹筒生产出来等于零。根据这一情况，军工部部长刘鼎专门安排了化学专家用土法就地取材生产硫酸，试制了无烟火药，解决了炮弹的炸药问题；又利用太行山区盛产的白口生铁做发射榴弹的弹体，解决了炮弹生产的难题。而郭大海日以继夜地认真研究，攻克着每一个难关，设备不足就用手工打制，想尽一切办法，克服一切困难，经过几十次的试制，终于制造出了第一具掷弹筒，经试验威力很好。由于郭大海在试制中适当增加了掷弹筒筒身的长度，既保证了射击精度，又将有效射程大大增加。柳沟兵工厂生产的掷弹筒及掷榴弹源源不断运送到抗日前线，使八路军有了与日军相抗衡的步兵火力。日军惊呼，八路军拥有现代化兵工厂，拥有先进设备与外国专家！

1940年，在总部召开的劳模大会上，为了表彰郭大海的功绩，奖给郭大海一幅布奖状，上书“奖给郭大海同志创造能手，十八集团军总司令部赠”。

这幅布奖状，成为八路军太行纪念馆的珍贵文物。

（张　宇）

珍贵的学习笔记本

在八路军太行纪念馆的展厅里陈列着一件珍贵的文物——延安国际和平医院主治医师涂通今在抗战时期学习时用的笔记本。

这本笔记是涂老1939年在延安中国医大学习时的笔记本，2002年11月由他亲自赠送给八路军太行纪念馆。翻看这本发黄的笔记本，我们可以从中看到涂老当年那种刻苦学习、严谨治学的精神和对工作、对事业、对未来的不懈奋斗与追求。如今，70多年过去了，这本笔记本还是那么的完好无损，只是纸质稍微发黄，里面的字迹仍十分清淅。

涂通今是我国卫生战线的老前辈，他从15岁时就参加了革命，1938年进入延安中国医大学习。由于他热爱医学，勤于钻研，只有小学文化的他完成了大学学业，之后成为和平医院的主治大夫，建国后留苏学习，获得医学博士的学位，并成为著名的神经外科学家、医学教育家。

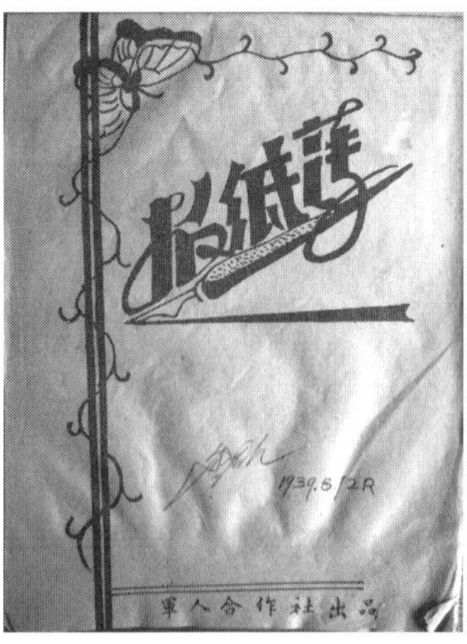

涂通今将军的笔记本

1938年12月初，已担任过三个医院医务科长的涂通今，被免试批准进入陕甘宁地区富县张驿村的八路军卫生学校"特训班"学习，一年后，该校改名为中国医科大学，学制也由二年增为四年。涂通今在这里经过长期的学习，文化基础、医学基础、和临床医学等方面，都有长足的进步。

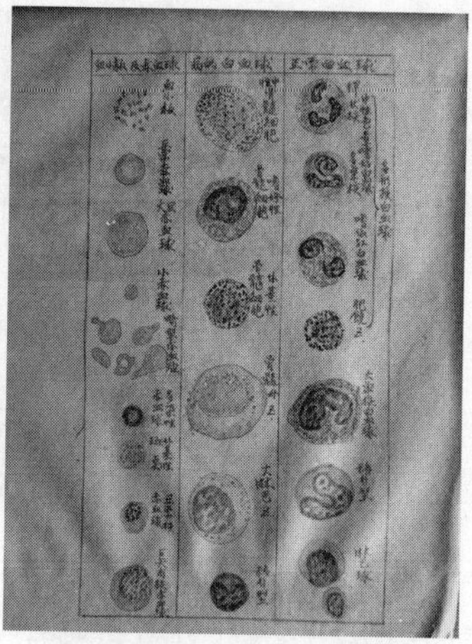

涂通今手绘的医学图形

涂通今深感在遭受日本侵略、抗日的烽火燃遍全国的情况下，能有这样的学习机会实在是来之不易，这在当时几乎是一件求之不得的事，所以他就格外的珍惜这次学习的机会。在上文化基础课时，因为没上过中学，什么X+Y，什么反应方程式，他听这些课时是云里雾里，为了学好这些科目，他想尽了一切办法，利用任何可能利用的时间，苦苦拼搏。课堂上他竭尽全力地去听，课下尽量争取老师同学的辅导，他还和学得同样很吃力的徐根竹同学结成学习小组，利用饭后和自修的时间共同学习讨论，有时为了一个问题他们会争得面红耳赤。夜里，别的同学早已经进入了梦乡，而涂通今却依然伏在油灯下学习，直到把当天的课程弄懂为止。尽管这样，他的文化基础课的单科结业成绩只有70余分。

涂通今捐献文物时在笔记本上的签名

在医科大学，他的医学基础课的学习是班里最出色的。在学习这门课时他联系过去的临床经验进行深入细致的钻研。特别是在学习解剖学时，在教员史书翰严谨的教学指导下，他学得特别认真，课堂上不放过教员的每一句话。课后，他将史教员手头唯一的外文版解剖学中的图一个不漏地画在自己的本子上，待这门课结束时，他画了一厚本，是全班画得最好的。史教员看到他的这本解

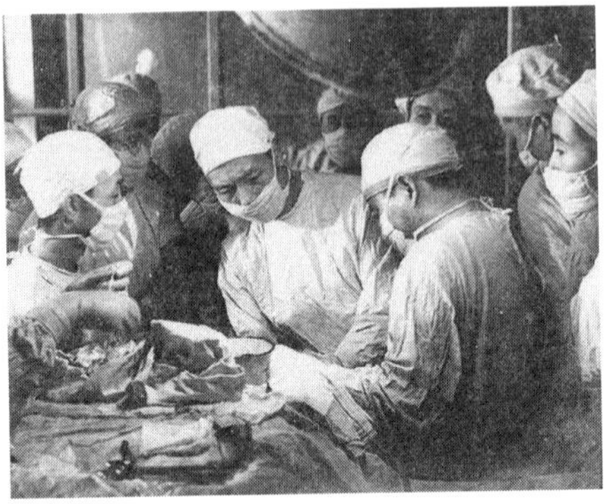

涂通今在做手术

剖画本笔记感概地说:“这是渗进血汗的解剖图谱。”

史教员特别喜欢这位刻苦学习的学生,所以对他格外栽培,做手术时,总是让涂通今当他的助手,边做边给他讲述手术所涉及到的解剖知识。还带着他参加事故的抢救工作,并结合伤员的实际情况分析病情,这让涂通今对这门课领会得快,理解得深,学得扎实,单科结业时得了全班最高的98分。

在学习神经解剖生理学时,涂通今本来就对这门课怀有浓厚兴趣,再加上他认真学习,又是这门课的课代表,教员就把他当作小先生,让他给同学们传达辅导内容。正因为如此,在这门课考试时,涂通今的答卷完整,难以挑剔,拿了100分,被教员在全校公开表扬。

他的临床课程也都学的灵活扎实,无论是外科学还是内科学门门结业的成绩都在90分以上。他的这种刻苦学习、严谨治学的精神和优异的成绩得到大家一致赞许。李亭植教授所授的五官科教学,他也学得非常出色。几十年后的1970年,李亭植先生提到他时还说:“涂通今是我最好的学生,是工农分子知识化的典范。”

涂老在中国医科大学学习的过程只是他人生中的一小段经历,无论是抗战时期,还是解放战争时期或者建国后,他都是立足本职、兢兢业业,直到后来担任总后勤部卫生部副部长、军事医学科学院院长等职务时,依然是手术刀不离手,成为年轻人学习的楷模。

(王　霞)

锅行万里情

有些往事，随年月久远慢慢湮没；有些记忆，却因睹物思人历久弥新。

记得我到八路军太行纪念馆进行岗前培训的时候，曾听到许多动人的故事。展厅里那件“行军锅”的故事就让我分外震撼，这口锅的锅沿局部已经裂开，锅壁和锅底有几道裂缝，还有大大小小17块补丁。就是这些补丁，流传着一个个惊心动魄、催人泪下的故事。

这口锅是从长征路上背来的，红军改编之后，八路军战士又把它背到了太行山。在残酷的战争中，这口锅坏了又补，补了又坏，经历了许多曲折。那是1938年春，日寇对我晋东南根据地进行了九路围攻，为了打击敌人，粉碎围攻，我八路军以一部分兵力钳制日军其他各路，集中主力伺机击破其一路的战略，在武乡县长乐村附近发动了长乐村战斗，给敌人以沉重打击。在这场战斗中，武乡民众组织了支前担架队，在枪林弹雨中奔跑穿梭，与八路军配合默契。当时的武乡县王家峪村村民李焕兰的丈夫身强力壮，参加了抢救伤员的担架队。突然，前方的战壕里传来一声声呼唤，声音微弱但异

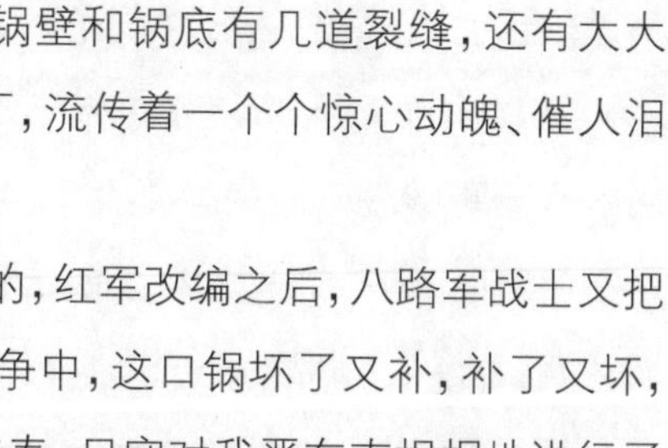

从长征路上带到太行山的行军锅

常急迫："锅！锅！"担架队冲到跟前，发现一名年轻战士倒在血泊中，他的背上背着一口行军锅。

"同志！同志！你醒醒！我扶你上担架！"

"别！先别……管我。"他指了指自己的胸口，又指了指身后的锅。只见锅的底部有一个黑色弹洞，子弹从战士的前胸穿过！"老乡……一定要保住这口锅，长征两万五千里，他一直没有离开我……建功立业，难分难舍……请你们补好它，让它为抗战再做一些贡献……我……"这名战士永远合上了双眼，但却留下了一个千斤重托。

战斗打的异常残酷、激烈，长乐村里大火冲天，血流成河，李焕兰的丈夫含着眼泪冒着危险把这口锅背回家中。他亲自将锅上的弹洞补好，用它继续为战士们熬粥煮面，烧菜蒸馍。后来，他在转移这口锅时，正好赶上日军"扫荡"，被日本鬼子杀害了！

1939年10月，八路军总部转战来到了王家峪村，彭德怀夫人浦安修凑巧就住在村民李焕兰家。她们常常拉家常，亲密无间，无话不谈。有一次，总部伙房里因接待客人，锅不够用，很是焦急，李焕兰闻讯就将这口锅送过来，她说这口锅是他的丈夫在长乐村战斗

游客在八路军太行纪念馆参观

中，从一位身负重伤的八路军炊事班班长手里接过来的，一直保留着。后来每当总部伙房接待客人、培训干部的时候，炊事班都用这口锅煮饭。后来八路军总部离开王家峪，彭老总说："这口锅为八路军立下了汗马功劳，待到全国解放后，送到博物馆，让它把革命传统永远发扬下去！"

李焕兰大娘就这样将行军锅珍藏下来。

没有这口伤痕累累的行军锅，就没有今天的幸福生活。别看这口锅老，它永不褪色，别看这口锅破，没有人能估计出它真正的价值。它不仅仅是一件革命文物，更向我们们讲述了一段荡气回肠的革命历史故事，它是见证八路军抗日峥嵘岁月乐曲中一个不可或缺的音符。

行军锅是如此，行军中的战士亦是如此，他们饮黄河长江水，进军广阔神州，直指天涯海角。为战胜日寇，为人民军队的发展壮大，为中华民族的独立和人民的解放，为新中国的诞生，建立了不可磨灭的历史功勋。抗战胜利，留给我们的不仅仅是那些辉煌战例，更有着许许多多动人的故事。

金戈铁马，峥嵘岁月。这些人、这些物，从硝烟弥漫的战场走来，从枪林弹雨中冉冉升起，他们的英勇和业绩，他们的高尚情操和革命精神，将激励中国人民永远向前。

（连小敏）

后　记

根据中国博物馆协会纪念馆专业委员会黑河市年会精神，将编撰《中国纪念馆故事》系列丛书，作为2012年度的重要工作之一，这是一项非常有意义的工作。

接到通知后，我馆立即组织编委会，并责成研究部来具体负责组织实施，并根据侵华日军南京大屠杀遇难同胞纪念馆与南京出版社商定的编写方案，讨论了编写大纲。确定分五个部分来组织稿件，每部分十篇：第一部分为“将帅风范”，主要编写部分八路军高级将领的故事；第二部分为“战火硝烟”，主要编写八路军在抗战中的部分重要战斗故事；第三部分为“岁月留痕”，主要编写发生在抗战中的历史事件故事；第四部分为“烈士碧血”，主要编写为抗战英勇献身的八路军烈士故事；第五部分为“历史见证”，主要编写重要的历史文物故事。

为了提高干部职工素质，推动业务研究，我们改变了以往只靠部分研究人员编写的方式，动员各部门的业务人员都来参加，在短短一个月内，就完成了五十篇稿件的初稿创作。在此基础上，由研究部主任郝雪廷同志对各部分的稿件进行了统筹、修改，为本书最后成型倾注了大量心血；研究部董海鹏、任慧鹏、张晓鹏同志对书稿进行了认真校对。在此，编委会感谢各位同仁在编写这本书中所作出的辛勤劳动和付出。

八路军抗战历史，是非常浩瀚、雄浑的，决非本书五十篇小故事所能涵盖。但一滴水可以见太阳，我们希望通过本书为广大读者提供一册了解、认识八路军抗战历史的通俗读物，并借以寄托对英勇的八路军将士和其光辉业绩的缅怀之情，为弘扬以爱国主义为核心的民族精神奉献微薄之力。

编　者

2012年4月30日